초보도 만들 수 있는 자연주의 출산 용품

꼼지닷컴 박귀선 지음

꼼지의 손바느질 방으로 초대합니다

상상쟁이 꼼지가 두 아이에게
장난감을 만들어주며 시작한 손바느질,
이제는 세상 모든 엄마들과 함께하고 싶습니다

하루에도 몇 번씩 상상의 나래를 펼쳐 재미있는 일을 궁리하고 현실감 없다는 핀잔도 가끔 들으며 살던 어느 낙천주의자는 두 아이의 엄마가 된 뒤 또 다른 방법으로 상상하고 노는 법을 배웠습니다. 바로 저 꼼지의 이야기입니다.

한 살 터울의 석이와 빈이 남매를 키우며 엄마로 살아가는 일은 제아무리 낙천적인 꼼지라 해도 여간 힘들지 않았어요. 처음에는 두 아이와 나란히 누워 창문 밖 밤하늘의 별을 보며 노래도 부르고, 또 어떤 날은 아이를 등에 업고 신나는 음악에 맞춰 춤을 추기도 했지요. 하지만 기쁨은 잠시뿐, 전쟁 같은 하루하루가 계속되었습니다. 급기야 '이제 세상 어디에도 내 자리는 없는 거구나······.' 하며 우울해지기까지 했어요.
그렇게 3년여가 흘렀고, 문득 더 이상은 이렇게 시간을 흘려보내면 안 되겠다는 생각이 들었어요. 그래서 아이들이 잠든 밤 시간을 이용해 다시 상상놀이를 시작했지요. 처음에는 줄어들어 못 입는 아이들 옷, 수건과 제자리를 찾지 못하는 천 조각들이 놀이의 재료였어요. 그러다가 이것들로 뭔가 아이들을 위한 것을 만들어줘야겠다는 생각이 들었고 제가 가장 잘할 수 있는 것이 '바느질'임을 깨달았답니다.

석이와 빈이에게 작은 장난감을 만들어주려고 시작한 바느질이 취미를 넘어 이렇게 제가 세상과 이야기를 나누는 소통의 고리가 될 줄 미처 몰랐어요.
손으로 만들어 투박하고 어설프지만 아이들이 그 어떤 값비싼 장난감보다도 제가 만들어준 헝겊 장난감을 좋아하는 모습에 용기를 얻었습니다. 아이를 업고 한 땀, 아이들이 잠든 사이에 또 한 땀, 밤잠을 아껴가며 또 한 땀 바느질을 하는 동안 제 꿈도 커갔어요. 취미였던 바느질이 구체적인 일이 되면서 일에 대한 새로운 계획도 세우게 됐고, 아이들이 기뻐하는 모습을 보면서는 마냥 행복했지요. 아이들이 아니었다면 저는 아직도 컴퓨터 앞에 앉아 빡빡한 프로젝트 일정에 맞춰 시간과 싸움하고 있는 디자이너였을 것입니다.

마침내 깨달은 거예요. 엄마가 행복해야 아이도 행복할 수 있다는 것을.

엄마가 바느질을 하며 행복했다면 아이는 바로 그 행복한 순간이 담긴 장난감을 가지고 노는 것이잖아요. 제가 특별히 '태교 바느질'이라는 주제를 택해 임신부들에게 손바느질을 가르치기 시작했던 것도 이런 이유였습니다. 아기가 엄마 배 속에 있을 때부터 이런 예쁜 감정을 공유하게 하고 싶었어요. 엄마와 아이의 '소통'에 있어 이보다 더 좋은 태교는 없다고 생각했어요. 엄마가 손으로 무언가를 만들면 배 속의 아기에게 좋은 자극이 되어 감성과 두뇌 발달에도 도움을 주니 일석이조 아니겠어요?

좋은 음악을 틀어놓고 기분 좋게 바느질을 시작해보세요. 바느질이 서툴러 못생긴 작품이 되어도 좋아요. 엄마가 직접 만들었다는 것이 중요하지요.

이 책에는 화려한 바느질법을 사용한 작품은 하나도 없습니다.

바느질이 처음인 분이라도 쉽고 소박하게 다가가서 만들 수 있도록 하기 위한 책이랍니다. 내 아이가 태어나서 처음 입는 배냇저고리, 처음 덮는 담요, 처음 손에 쥐는 장난감을 내 손으로 만들었다는 기쁨을 맛보게 해드리고 싶습니다. 자신이 없다면 처음에는 배냇저고리 끝에 아기 이름만 바느질해 넣는 것부터 시작하세요.

매주 한 작품씩 완성할 수 있도록 구성했으니 작은 것부터 하나씩 만들다 보면 금세 자신감이 생길 거예요. 사진으로 자세히 설명도 곁들이고 실물본도 넣었으니 따라하기도 어렵지 않고요. 한 가지씩 끝낼 때마다 사진을 찍어 일기장에 붙여보세요. 나와 내 아기만 알 수 있는 비밀스런 추억이 만들어집니다. 이 책에 소개할 작품을 만들 때도 두 아이가 태어났을 때를 생각하며 원단 하나 단추 하나 정성스럽게 골랐습니다. 아기가 사용할 것이니 유기농 원단을 주로 사용했고요.

첫 책을 낼 때는 첫 아이가 태어난 것을 기념하며 작품을 만들었어요. 그리고 7년이 지난 지금, 이 두 번째 책 《꼼지의 손바느질 태교》는 지난해 태어난 조카에게 주는 고모의 선물입니다. 설레고 조심스럽게 첫아이의 출산을 기다리는 엄마의 마음으로 이 글을 쓰는 지금, 첫째 석이를 안고 첫 목욕을 시키던 날이 생각나네요. 이 책을 만드는 과정은 제게 잊혀가던 추억을 되새겨볼 수 있는 소중하고 행복한 시간이었습니다.

함께 밤새워 바느질해주셨던 시어머님, 언제나 저를 믿고 용기를 주는 사랑하는 남편 영태 씨, 우리 딸이 최고라 해주시는 딸바보 우리 부모님, 두 보물 석이와 빈이, 이모를 자랑하는 사랑하는 조카 휘민이와 재형이, 더없이 힘이 되는 경순 씨, 편하게 작업할 수 있게 배려해준 꽃숨, 모두 감사합니다.

엄마라서 행복합니다.

박치선 올림

contents

 손바느질을 위한 몇 가지 기본 사항

Lesson 1 출산 용품 만들 때 필요해요! 손바느질 기본 재료 … 08
Lesson 2 가장 먼저 배워야 할 바느질의 기초! 기본 바느질법 … 12
Lesson 3 알아두면 바느질이 쉬워져요. 조보를 위한 기본 바느질 팁 … 14

 출산 준비물을 만들어요

Week 1 새 아플리케 장식 배냇저고리 … 18
Week 2 새 아플리케 장식 속싸개 … 22
Week 3 턱받이 겸용 삼각 머플러 … 26
Week 4 홈질로 장식한 신생아 모자 … 28
Week 5 새, 구름 자수 장식 손싸개 … 30
Week 6 리본 장식 발싸개 … 34
Week 7 새 아플리케 장식 턱받이 … 36
Week 8 토끼 얼굴 아플리케 장식 파일럿 모자 … 38
Week 9 모자 달린 겉싸개 … 42

 아기의 첫 장난감을 만들어요

Week 10 아기의 첫 친구 곰 인형 … 46
Week 11 곰 인형 모양의 딸랑이 … 50
Week 12 치발기로도 사용하는 아기 손수건 … 54
Week 13 나비 인형 손목 딸랑이 … 58
Week 14 동글동글 귀여운 애벌레 인형 … 62
Week 15 아기의 동물 친구 말 모빌 … 66
　　　　　응용해보세요! 코끼리 모빌 … 68
Week 16 여러 가지 무늬의 달팽이 모빌 … 70
Week 17 여러 가지 원단을 이은 공 딸랑이 … 72
Week 18 눈과 입을 그려 넣은 서양배 딸랑이 … 75
Week 19 숫자가 있는 주사위 딸랑이 … 78

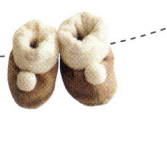

외출 용품을 만들어요

Week 20 아플리케로 장식한 양면 조끼 … 82
Week 21 두 가지 원단으로 배색한 다용도 수면 조끼 … 86
Week 22 낮잠 이불로도 좋은 블랭킷 … 90
Week 23 외출 용품을 넣는 다용도 주머니 … 92
Week 24 기저귀를 예쁘게 가려주는 블루머 … 96
Week 25 아플리케로 장식한 아기 마스크 … 98
Week 26 우리 아기 첫 신발 1 리본 장식 덧신 … 102
Week 27 우리 아기 첫 신발 2 단추 장식 덧신 … 106
Week 28 우리 아기 첫 신발 3 아플리케와 끈 장식 덧신 … 108
Week 29 퐁퐁으로 장식한 아기 목도리 … 110
Week 30 끈 조절이 가능한 기저귀 가방 … 112
Week 31 겨울철 필수품 어그 장갑 … 116
Week 32 장갑과 세트로 만드는 어그 부츠 … 118

포근한 아기 침구를 만들어요

Week 33-34 커버를 따로 만드는 아기 요 … 122
Week 35 토끼 모양 짱구베개 … 124
Week 36 아기가 실례해도 안심할 수 있는 방수요 … 128

손바느질을 위한 몇 가지 기본 사항

이 책은 바느질을 한 번도 해보지 않은 사람도 쉽게 따라할 수 있도록 가장 기본적인 손바느질법을 이용합니다. 홈질이 뭔지 박음질이 뭔지, 끈은 어떻게 연결하는지, 예쁜 스티치나 아플리케 장식은 어렵지 않은지, 궁금한 게 많을 거예요. 배 속의 아기에게 줄 선물을 만들기 전에 바느질에 관한 모든 것이 담겨 있는 기초편을 먼저 익혀두세요. 손바느질도 그림과 사진을 따라 한두 번씩만 연습해보면 금세 익숙해질 거예요.

LESSON 1
출산 용품 만들 때 필요해요!
손바느질 기본 재료

유기농 원단

출산 용품 및 장난감을 만드는 기본 준비물. 갓 태어난 아기가 사용할 옷과 침구, 장난감은 연약한 아기 피부에 해롭지 않은 유기농 면 소재를 사용하는 것이 좋다. 유기농 면은 대체로 상아색 톤을 띠며, 단색, 스트라이프나 도트 무늬 등 여러 가지 무늬를 선택할 수 있다.

무늬 있는 원단

꽃무늬, 체크무늬, 줄무늬 등 다양한 무늬의 원단은 단색 원단과 매치해 포인트를 주기에 좋다. 엄마의 취향이나 만드는 소품의 용도에 따라 색상과 무늬가 달라져 핸드메이드의 묘미를 즐길 수 있다. 아기가 사용할 물건이니 포인트 원단 역시 유기농 면 소재를 사용하면 좋다.

누비 패드(속지)

패브릭과 패브릭 사이에 넣어 누비거나 도톰한 보온용으로 사용하는 패드. 침구나 겨울용 겉옷 등을 만들 때 겉감과 안감 사이에 넣는다.

압축솜

납작하게 눌러놓은 솜으로, 얇은 요나 이불을 만들 때 사용한다. 덧신이나 가방 등에 사용하면 모양이 단단하게 잡히는 장점이 있다. 다림질로 쉽게 고정되는 접착솜과 바느질로 고정하는 압축솜이 있다.

방울솜

한 알 한 알 몽글몽글한 모양의 방울솜은 덩어리로 뭉치지 않고 세탁 뒤에도 되살아나는 복원력이 좋아 출산 용품을 만들기에 적합하다.

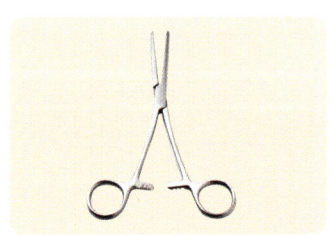

집게 가위

솜을 원하는 분량대로 뜯거나 작은 단추나 비즈 등을 집을 때 사용한다. 가방 끈, 인형의 팔다리와 같이 좁은 곳의 원단을 뒤집거나 솜을 채워 넣을 때에도 편리하다.

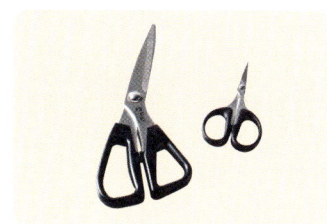

재단가위, 모모가위

원단이나 옷본, 레이스 등을 자르는 재단가위와 실을 자르거나 정리하는 데 사용하는 모모가위를 둘 다 준비한다. 원단이 한 번에 깔끔하게 잘릴 수 있도록 가위 날을 잘 관리해야 한다. 모모가위는 단추를 달고 난 뒤 남은 실이나 바늘땀 끝의 실을 정리할 때 편리하다.

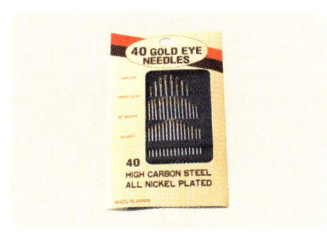

바늘

손바느질에 없어서는 안 될 필수 기본 도구. 원단과 원단을 잇고 단추를 달거나 장식 스티치를 할 때 사용한다. 원단 두께나 만들 소품의 크기 등에 따라 바늘 굵기와 길이를 결정한다.

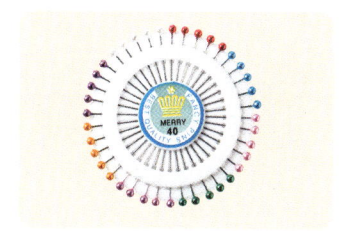

시침핀

2장 혹은 그 이상의 패브릭을 겹쳐 바느질하는 경우 서로 밀리거나 모양이 흐트러지지 않도록 미리 고정시키는 용도로 사용한다. 핀의 머리 쪽에 둥근 고정 장치가 달린 것이 편리하다.

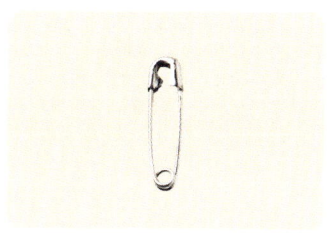

옷핀

주머니 입구 부분에 끈이나 고무줄을 꿸 때나 임시로 원단과 원단을 연결할 때 편리하게 사용할 수 있다.

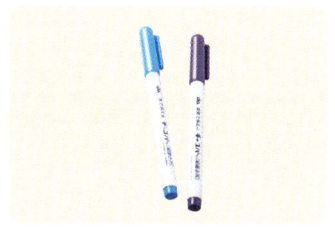

도안용 펜

옷본을 패브릭 위에 옮길 때 필요하며, 도안을 그리고 물을 묻히면 사라지는 수성펜을 사용한다. 도안선을 따라 바느질한 뒤 남아 있는 펜 자국은 물을 묻혀 지운다. 일정 시간이 지나면 저절로 사라지는 기화성 펜도 있다.

줄자

길이, 너비, 둘레 등의 치수를 재는 데 사용한다.

실
가장 기본적인 굵기의 흰색 실, 만들려는 소품의 주된 색과 일치하는 색실을 준비한다. 포인트 원단을 사용할 때도 그에 맞는 색실을 준비한다.

스티치용 실
장식용 스티치나 인형 눈 등을 바느질로 만들 때 사용하는 색실. 여러 가닥을 한데 모아 리본을 묶어 장식할 수도 있다.

리넨 레이스
파우치나 가방, 손싸개나 배냇저고리 등에 장식하면 예쁜 패브릭 레이스. 리넨 소재의 레이스는 끝이 딱딱하거나 날카롭지 않아 아기 용품에 사용하기 좋다.

패브릭 테이프
밑단이나 허리 부분, 주머니 커버 등에 장식하기 좋은 패브릭 소재 장식 테이프. 바느질로 본판 위에 덧붙여 포인트 디자인으로 활용한다. 다양한 소재와 무늬의 제품이 시중에 나와 있으므로 원하는 것을 골라 사용한다.

폼폼 장식 줄
동글동글한 폼폼 장식이 달린 긴 줄. 원하는 길이만큼 잘라서 사용한다.

단추
옷이나 가방 입구 등을 여밀 때 사용하는 단추부터 포인트 장식으로 달아주는 단추까지 종류가 매우 다양하다. 단춧구멍을 내서 끼우는 모양이나 '똑딱단추'라 불리는 세트로 된 단추 등 용도에 따라 선택하면 된다.

방울, 삑삑이
'딸랑이'를 흔들 때 딸랑딸랑 소리를, '삑삑이'를 누를 때 삑삑 소리를 내는 도구. 완성품의 안쪽에 들어가 보이지 않는 재료이다.

스펀지
주사위와 같이 입체적인 장난감을 만들 때 기본 틀이 되는 속재료이다. 원하는 크기에 맞춰 잘라서 사용한다.

라벨
소품이 완성된 뒤 라벨을 달아주면 마치 엄마나 아기 이름표를 단 것처럼 더욱 소중한 나만의 것이 된다. 패브릭 소재의 시판 라벨을 달아도 좋고 마음에 드는 무늬나 색상의 패브릭 테이프를 잘라 사용해도 좋다. 단색 패브릭 위에 스티치로 아기의 태명이나 메시지를 넣어주면 더욱 특별해진다.

일러두기

1. 도안 용지, 바늘, 가위 등의 기본 재료는 작품마다 따로 표시하지 않았습니다. 유기농 원단은 기본적으로 면 원단을 말합니다.
2. 실물 도안은 대부분 책 속에 첨부한 도안지에 있으며 일부는 본문 안에 표시해두었습니다.
3. 실과 원단의 색깔은 한글 표기를 기본으로 하였습니다.
   예) 아이보리 … 상아색, 핑크 … 분홍색, 브라운 … 밤색

가장 먼저 배워야 할 바느질의 기초!
기본 바느질법

홈질

일정한 간격으로 바늘땀을 유지하며 일자로 바느질하는 방법.
다양한 색상의 실로 원단 가장자리에 스티치 장식을 만들 때 사용하면 좋아요.

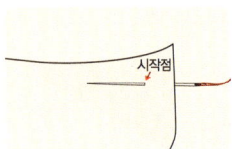 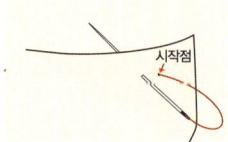 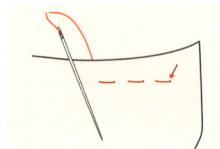

1 바늘을 원단의 안에서 밖으로 꽂아 바늘땀을 한 땀 뜨고 다시 밖에서 안으로 꽂는다.

2 ①을 일정한 간격으로 반복한다.

3 원하는 길이만큼 바느질한 뒤 뒷면에서 매듭짓는다.

박음질

바느질 진행 방향의 반대쪽으로 바늘을 꽂아 바늘땀을 이중으로 하는 방법.
2장의 원단을 튼튼하게 연결할 때 사용해요.

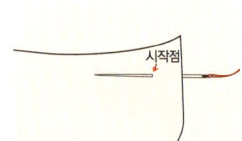 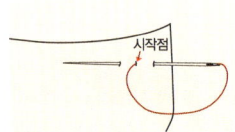 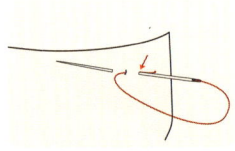 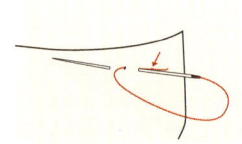

1 바늘을 원단의 안에서 밖으로 통과시킨다. 이때 바늘땀은 원단 끝에서 한 땀 띄고 시작한다.

2 ①의 시작점 뒤쪽으로 바늘을 꽂아 한 땀 앞으로 뺀다.

3 ①의 시작점에 바늘을 꽂아 한 땀 앞으로 뺀다.

4 ①~③을 반복하며 바느질한다.

공그르기

바늘땀이 겉으로 드러나지 않도록 안쪽으로 꿰매는 방법.
단을 처리하거나 창구멍을 막을 때 주로 사용해요.

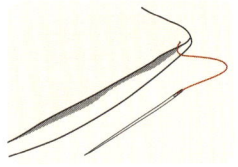 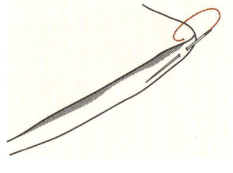 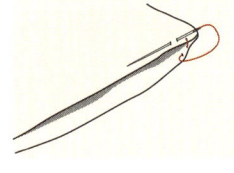 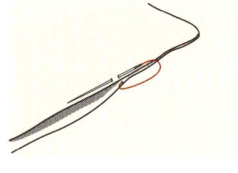

1 창구멍 시접을 안으로 접은 뒤 위쪽 원단의 시접 안에서 밖으로 바늘을 통과시킨다.

2 아래쪽 원단의 시접 밖에 바늘을 꽂아 가로로 살짝 한 땀 뜬다.

3 위쪽 원단의 시접 밖에 바늘땀을 살짝 뜬다.

4 ②~③을 반복하며 창구멍을 막는다.

감침질

사선 모양으로 감아 꿰매면서 단을 처리하는 방법. 작은 아플리케 등을 붙일 때 주로 사용하지요.

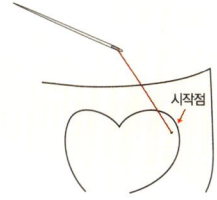 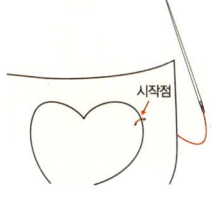 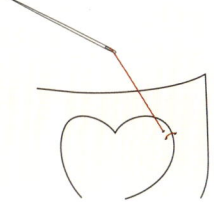 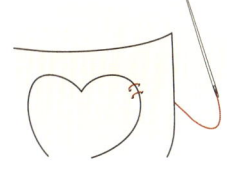

1 원단의 안에서 매듭을 묶어 밖으로 바늘을 통과시킨다.

2 그림처럼 바탕 원단으로 바늘을 뺀다.

3 약간 간격을 두고 ①처럼 다시 밖으로 바늘을 뺀다.

4 ①~③을 반복한다.

프렌치노트스티치

점, 씨앗, 꽃술 등을 표현할 때 사용하는 바느질 방법. 크기가 작은 인형 눈이나 딸기씨 장식 등을 할 때 좋아요.

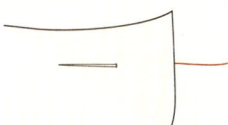 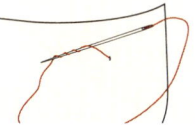 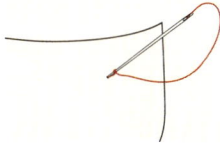 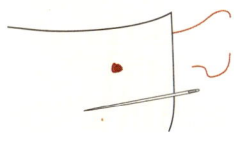

1 원단의 안에서 밖으로 바늘을 통과시킨다.

2 바늘에 실을 세 번 돌려 감는다.

3 감은 실을 바늘 앞쪽으로 모은 뒤 ①의 바로 옆에 바늘을 꽂아 밖에서 안으로 뺀다.

4 매듭을 굵게 하고 싶으면 실 감는 횟수를 늘린다.

LESSON 3
알아두면 바느질이 쉬워져요!
초보를 위한 기본 바느질 팁

가위 사용하기

가위는 종이와 원단, 실과 리본을 자를 때 사용한다. 바느질할 때는 원단과 실, 리본을 자르는 가위와 종이 자를 때 사용하는 가위 두 가지를 준비한다. 원단 자를 때 사용하는 가위로 종이를 자르면 원단이 잘 잘리지 않기 때문에 원단 가위와 종이 가위는 분리해서 사용하도록 한다.

재단하기

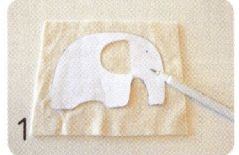

1. 도안을 원단 안쪽에 시접 방향대로 올려놓고 시침핀으로 고정한다.
2. 도안용 펜으로 도안을 따라 그린다.
3. 작품의 재단하기 설명서를 참조하여 시접 부분을 확인하고 재단한다. *작품마다 시접이 다를 수 있어요!

아플리케 만들기

1. 원단 2장의 겉면끼리 맞댄 뒤 도안을 중앙에 올려놓고 도안용 펜으로 도안을 따라 그린다.
2. 작품의 재단하기 설명서를 참조하여 시접 부분을 확인하고 재단한다. (재단하기 ①~③번 참조)
3. 재단한 원단을 시침핀으로 고정한 뒤 창구멍을 남기고 박음질한다.
4. 시접을 0.5cm만 남기고 정리한다.

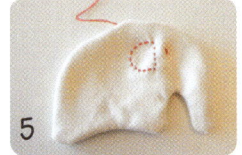
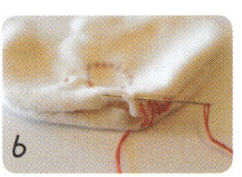
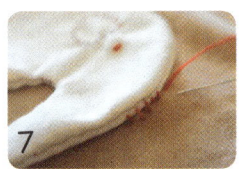

5. 창구멍으로 원단을 뒤집는다.(③에서 창구멍을 남기지 않고 박음질한 경우에는 뒷면이 될 원단 한쪽에 가위집을 내어 뒤집는다.) 창구멍 안에 솜을 채우거나 눈과 입 등의 장식을 바느질한다.
6. 창구멍을 원단과 같은 색 실로 공그르기한다.
7. ⑥을 작품의 원하는 위치에 대고 공그르기로 고정한다.

라벨 만들기

*원단 준비하기 : 원하는 크기의 라벨을 그리세요.(원단은 라벨 크기보다 상하좌우 0.5cm씩 크게 준비합니다. 2장 또는 반으로 접을 경우 2장의 길이만큼 길게 준비합니다.)

1
원단 1장에 도안용 펜으로 그림 또는 글을 그리고 색실로 박음질한다.

2
①과 나머지 원단을 겉면끼리 맞댄 뒤 라벨 모양대로 창구멍을 남기고 박음질한다.

3
창구멍으로 원단을 뒤집는다.

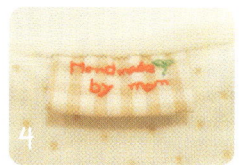
4
작품의 원하는 위치에 라벨로 사용한다.

바이어스테이프 달기

1
원단에 바이어스테이프를 맞대고 바이어스테이프의 시접을 1cm 접어 홈질을 시작한다.

2
바이어스테이프를 원단과 함께 0.7cm 안쪽으로 전체 홈질한다.

3
바이어스테이프를 원단 반대쪽으로 넘긴다.

4
바이어스테이프 원단을 반으로 접는다.

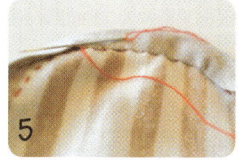
5
바이어스테이프를 원단과 함께 공그르기한다.

6
완성

구슬 눈 달기

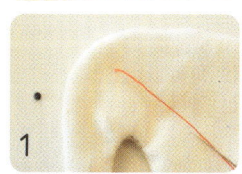
1
구슬 눈을 달고자 하는 위치에 매듭이 보이지 않게 안에서 밖으로 바늘을 찔러 실을 빼낸다.

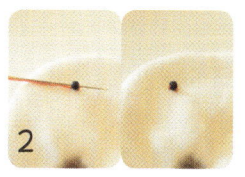
2
구슬 눈의 구멍으로 양쪽을 번갈아가며 2~3회 왕복하고 매듭이 보이지 않게 안쪽에 지어 정리한다.

끈 만들기

*원하는 길이만큼의 원단이나 바이어스테이프를 준비하세요.
*원단 크기 계산하기 : 길이는 원하는 만큼, 폭은 만들고자 하는 끈의 4배 너비로.

1
원단의 아래위 양끝을 1cm씩 접는다.(다리미로 눌러주면 더 효과적이다.)

2
원단의 양쪽(좁은 폭 쪽)을 각각 반으로 접어 다리미로 다린다.

3
②를 다시 반으로 접어 다리거나 시침핀으로 고정한다.

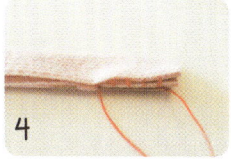
4
③의 고정한 부분을 공그르기하거나 색실로 홈질한다.

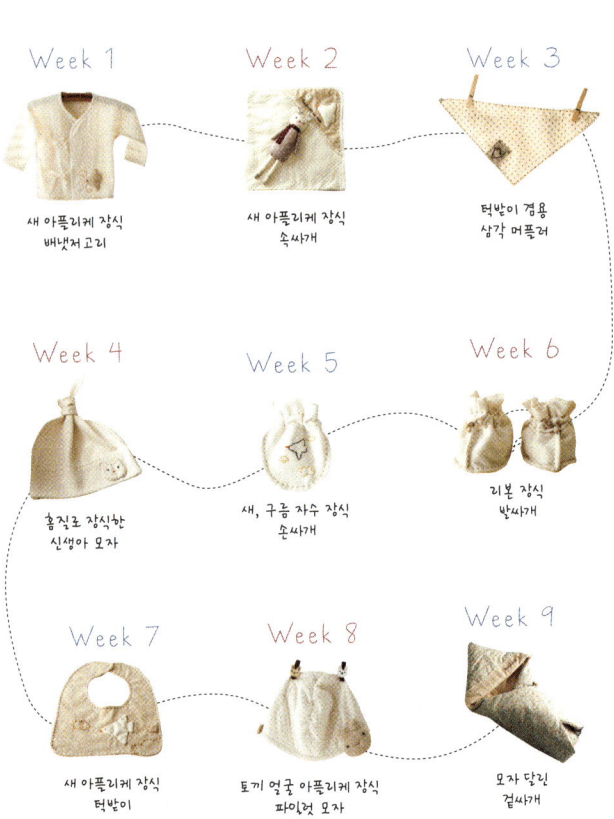

출산 준비물을 만들어요

축하합니다! 마음 졸이며 기다리던 아기가 찾아왔네요. 곧 만나게 될 아기를 위해
의미 있는 선물을 준비해보세요. 아기가 세상에 태어나 처음 입게 될 배냇저고리부터
주먹만큼 작은 머리에 쓰게 될 첫 모자, 손싸개와 발싸개, 턱받이까지.
인형처럼 자그마할 아기에게 입힐 앙증맞은 출산 준비물을 하나씩 만들며
기분 좋게 태교를 시작하세요. 임신 초기인 1주부터 9주까지는 쉬운 아이템부터 배워봅니다.

WEEK 1

새 아플리케 장식
배냇저고리

Ready

유기농 자카드 원단 양면무늬(75×75cm) 1장
*한쪽은 줄무늬, 또 다른 쪽은 물방울무늬의 원단입니다.
유기농 바이어스테이프 상아색(길이 100cm) 1개
면 배냇저고리 끈 (길이 10cm) 6개

새 아플리케용
유기농 타월 원단 밤색(10×20cm) 1장
색실(눈, 부리 스티치용) 적당량
기본 실 흰색 또는 원단 색

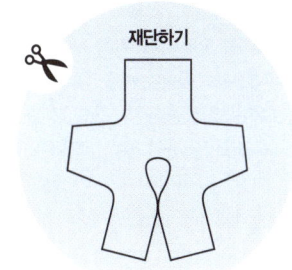
재단하기

How to Make

배냇저고리 만들기

1 양면무늬 원단을 배냇저고리 모양으로 재단한다.
2 앞과 뒤의 아랫단을 돌돌 말듯 1cm씩 두 번 겉으로 접은 뒤 윗부분에 홈질한다.
3 양쪽 소매 끝단에 바이어스테이프를 단다. *p.15 바이어스테이프 달기를 참조하세요.
4 안쪽 면이 밖에서 보이도록 배냇저고리 모양으로 접은 뒤 왼쪽 겨드랑이 부분에 끈 1개를 시침핀으로 고정해주고 양 옆선에서 0.4cm 안쪽에 홈질한다.
5 ④를 겉이 되게 뒤집어준다.
6 겉에서 0.5cm 안쪽으로 시접이 보이지 않게 홈질한다.

7 배냇저고리 끈을 각각 10cm로 잘라 3개를 만든 뒤 왼쪽 앞섶 위쪽에 1개, 아래쪽에 1개를 대고 원단과 함께 박음질한다. 약간의 간격을 두고 고정하는 것이 좋다. ④의 왼쪽 속끈과 같은 위치에 오른쪽 속끈도 달아준다.

8 바이어스테이프를 달아 마무리한다.

9 왼쪽 앞섶과 같은 높이에 오른쪽 끈을 달아준다. *아래의 오른쪽 끈 달기를 참조하세요.

10 새 아플리케를 만들어 왼쪽 앞섶 아랫부분에 달아준다. *다음 페이지의 새 아플리케 만들기를 참조하세요.

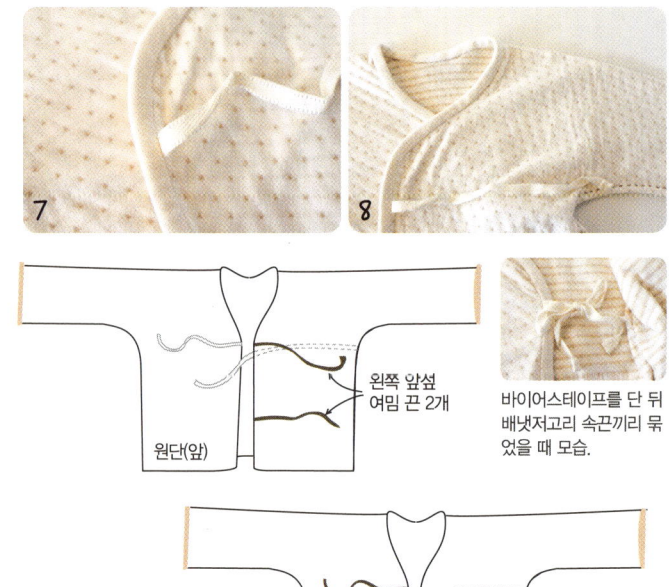

오른쪽 끈 달기

1 10cm 끈을 오른쪽 앞섶에 대고 0.4cm 간격을 두고 박음질한다.
2 박음질한 끈을 반대쪽으로 접어준다.
3 ①의 끈이 보이지 않게 여유를 두고 다시 홈질한다.
4 바이어스테이프의 끝부분을 두 번 접어 감침질한다. 또 하나의 10cm 끈을 같은 방법으로 박음질한다. 왼쪽 끈과 위치를 맞춰 단다.

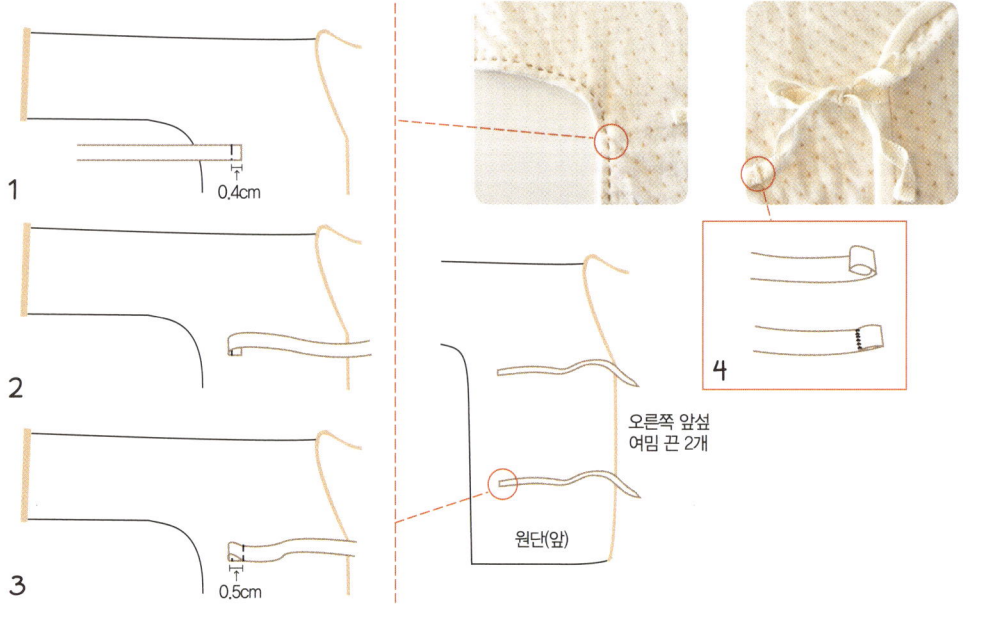

새 아플리케 만들기

*배냇저고리, 턱받이, 속싸개 공통입니다.

1 원단을 반으로 접어 도안대로 박음질하고 시접을 정리한다.
2 도안을 그린 반대쪽 원단에만 창구멍을 내어 뒤집는다.
3 솜을 약간 넣고 창구멍을 감침질한다.
4 앞면에 프렌치노트스티치(p.13 참조)로 눈을 수놓고 가장자리를 색실로 홈질해 아플리케를 완성한다.
5 아플리케를 달고 싶은 위치를 대략 잡아놓고 배냇저고리 원단에 연밤색 실로 구름 모양을 박음질한다. 이때 매듭은 새가 달릴 위치로 모은다.
6 ④의 새 아플리케를 ⑤에 공그르기로 달고 매듭은 새 아플리케와 배냇저고리 원단 사이에 넣어 숨긴다. 색실로 부리를 촘촘하게 자수한다.

실물 도안

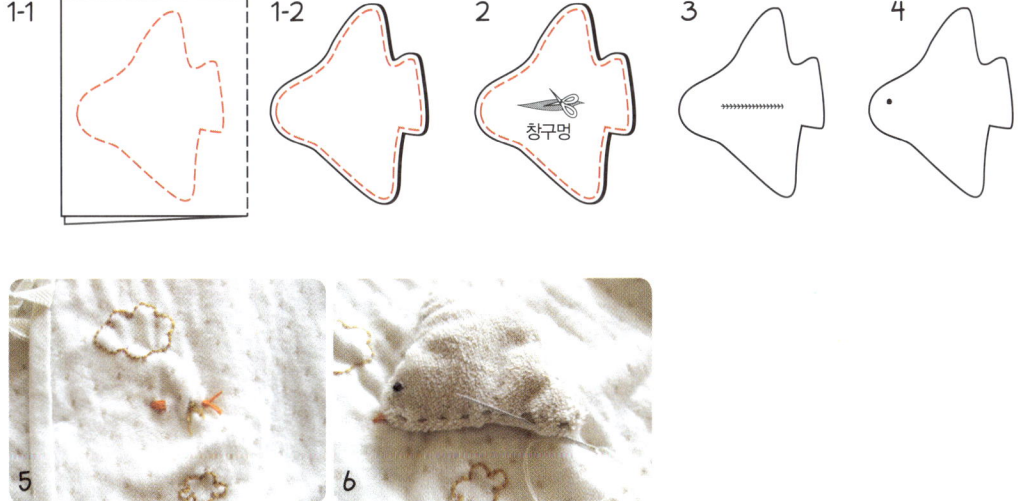

새 아플리케 장식
속싸개

Ready

유기농 자카드 원단 양면무늬(75×75cm) 1장
*한쪽은 줄무늬, 또 다른 쪽은 물방울무늬의 원단입니다.
유기농 바이어스테이프 상아색(300cm+여분) 1장
면 레이스 상아색(길이 40cm) 1개
속싸개 모자용 유기농 타월 원단 밤색(26×26cm) 1장
구름 아플리케용 유기농 양면 원단 상아색(4×5cm) 1장
새 아플리케용 유기농 타월 원단 상아색(15×30cm) 1장
색실(눈, 부리, 입 스티치용) 적당량
기본 실 흰색 또는 원단 색

재단하기

How to Make

1 속싸개 모자용 원단을 대각선으로 접어 한쪽에 새 아플리케를 공그르기로 고정하고 부리는 실로 촘촘하게 바느질한다. *p.21 새 아플리케 만들기를 참조하세요.

2 구름 모양 원단을 ① 위에 올려 감침질한다. 구름의 눈은 검은색 실로 프렌치노트스티치(p.13 참조)하고 입은 주황색 실을 사용해 'V'자로 박음질한다.

3 그림과 같이 ② 원단의 새와 구름 아래쪽에 원하는 문구를 밤색 실로 박음질해 새긴다.

4 ③의 아랫부분에 면 레이스를 레이스와 같은 색 실로 바느질해 고정한다.

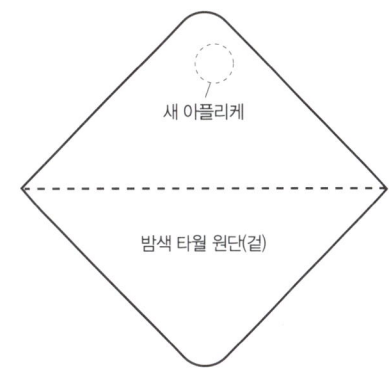

새 아플리케

밤색 타월 원단(겉)

1~3

4

5 양면무늬 원단(물방울무늬 쪽)의 한쪽 모서리에 ④를 그림과 같이 올려놓고 시침핀으로 고정하거나 원단과 맞닿은 부분을 시침질로 고정한다.

6 바이어스테이프를 양면무늬 원단(줄무늬 쪽)에 바느질하고 시침핀으로 고정한 뒤 바이어스테이프를 달 때 시작 **부분**을 2cm 정도 접는다. 0.7cm 간격을 두고 테두리를 따라 홈질한다.

7 바이어스테이프를 줄무늬 반대편의 물방울무늬 쪽으로 접고 시침핀으로 고정한다.

8 바이어스테이프를 안쪽으로 반 접은 뒤 양면무늬 원단과 함께 색실로 홈질한다.

5

6

실물 도안

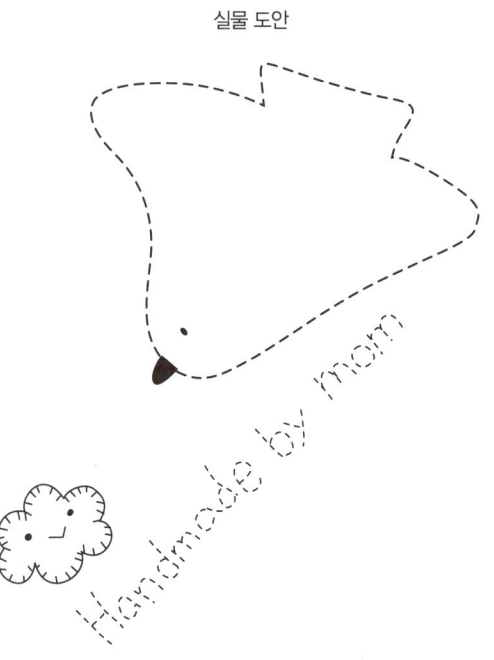

7

8

WEEK 3

턱받이 겸용
삼각 머플러

Ready

- **유기농 원단** 물방울무늬(20×40cm) 1장
- **유기농 원단** 무지(20×40cm) 1장
- **똑딱단추** 1쌍
- **사각 라벨용 리넨 원단** (6×15cm) 1장
- **색실(자수용)** 적당량
- **기본 실** 흰색 또는 원단 색

How to Make

1. 삼각형 모양으로 재단한 물방울무늬 원단과 유기농 원단의 겉면끼리 맞댄 뒤 창구멍을 남기고 시접 0.4cm 안쪽에 박음질한다. 이때 라벨을 달고 싶으면 2장의 원단 사이에 넣어준다.
2. 시접을 0.5cm 남기고 정리한 뒤 창구멍으로 원단을 뒤집는다.
3. 창구멍을 공그르기한 뒤 테두리에서 0.5cm 안쪽에 홈질한다. 이때 장식 효과를 주어도 좋다.
4. 아기 목둘레에 맞게 양쪽 끝부분이 마주 닿는 곳에 똑딱단추를 단다.

새 손자수 라벨 만들기

*p.15 라벨 만들기를 참조하세요.

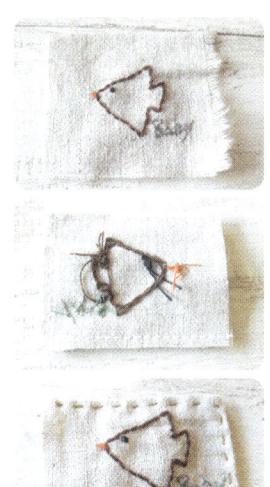

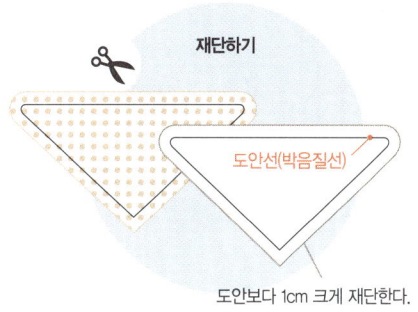

재단하기

도안선(박음질선)

도안보다 1cm 크게 재단한다.

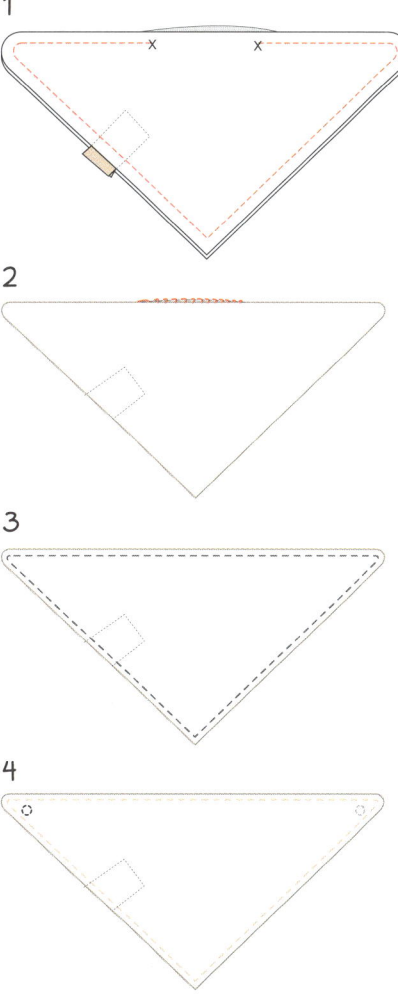

WEEK 4

홈질로 장식한
신생아 모자

Ready

유기농 양면 원단 상아색(44×44cm) 1장
아플리케용 모자 원단 자투리
색실(눈, 코 스티치용) 적당량
기본 실 흰색 또는 원단 색

재단하기

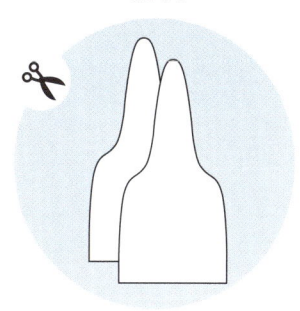

How to Make

1. 모자 모양으로 재단한 원단 2장을 포개어 모자 입구는 제외하고 시접을 0.4cm 남겨 홈질한다.
2. ①을 모자 입구 안쪽으로 뒤집는다.
3. 시접을 감싸도록 0.5cm 안쪽으로 홈질한다. 이때 색실로 바느질하면 장식 효과를 얻을 수 있다.
4. 모자 입구를 1cm 접고 다시 한 번 4cm를 접는다.
5. 0.5cm 간격을 두고 ③의 방법처럼 모자 둘레를 홈질한다.
6. 모자의 윗부분은 묶어주고, 아플리케나 자수, 라벨 등으로 모자를 장식해 완성한다. *아래의 캐릭터 아플리케 만들기를 참조하세요.

캐릭터 아플리케 만들기

*p.109 동물 얼굴 아플리케 만들기와 동일한 방법입니다.

1. 상아색 원단을 2장 포개어 도안대로 박음실하고 시접을 정리 한다.
2. 한쪽 원단에 창구멍을 내어 뒤집은 뒤 가장자리를 색실로 홈질한다.
3. 프렌치노트스티치로 눈을 수놓고 코는 'V'자로 박음질한다.

WEEK 5

새, 구름 자수 장식
손싸개

Ready

유기농 양면 원단 (35×25cm) 1장(4장이 나오도록 재단)
고무줄 (길이 40cm, 폭 0.2cm) 1개
색실(자수용) 적당량
기본 실 흰색 또는 원단 색

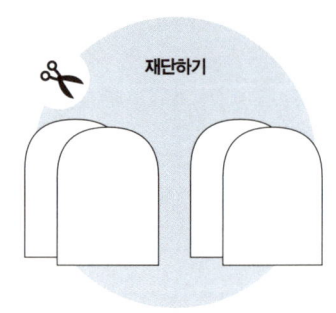
재단하기

How to Make

1 재단한 양면 원단 중 손등이 될 부분에 도안용 펜으로 그림을 그린 뒤 색실로 박음질하여 자수 장식을 넣는다. *자수 장식을 넣을 때는 본바느질 전에 자수를 바느질해야 합니다.

2 양면 원단 2장을 맞대어 포개고 재단선에서 0.4cm 안쪽으로 홈질한 뒤 뒤집는다.

3 뒤집은 원단의 속 시접 0.5cm 안쪽으로 홈질한다. *이렇게 해야 스티치 장식 효과와 함께 안쪽 시접이 아기 피부에 닿는 것을 방지할 수 있어요.

4 원단의 손목 부분을 바깥쪽으로 1cm 접고 다시 3cm를 접는다. 처음 1cm 접었던 곳의 가운데 부분에 손목 둘레를 따라 홈질한다. 이때 고무줄이 들어갈 창구멍을 2cm 정도 남겨놓는다.

5 ④의 홈질선에서 1cm 아래쪽에 손목 둘레를 따라 홈질한다. 고무줄이 손목 위쪽으로 움직이는 것을 막아준다.

6 창구멍을 따라 고무줄을 넣고 아기 손이 빠지지 않을 정도의 둘레를 잡아 매듭을 묶은 뒤 홈질로 창구멍을 막아 완성한다.

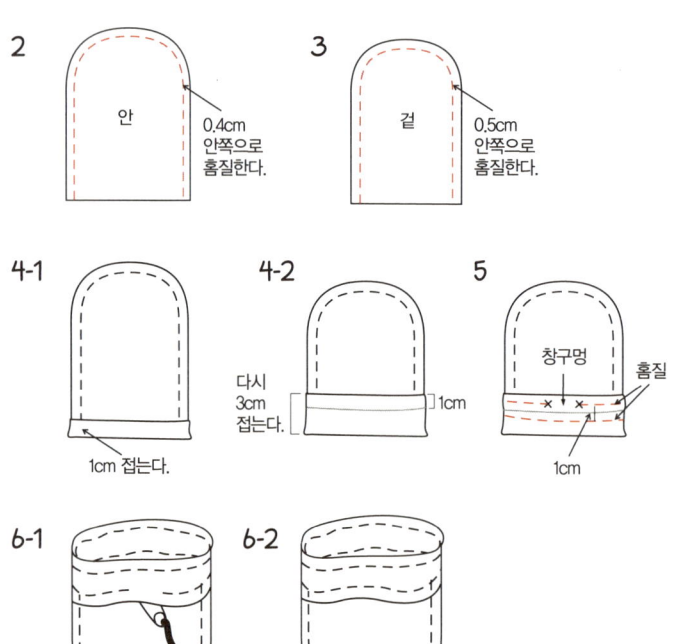

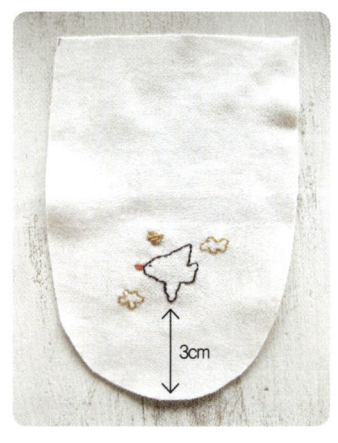

실물 도안

WEEK 6

리본 장식
발싸개

Ready

유기농 양면 원단 상아색(40×30cm) 1장(발바닥 부분 원단 2장/발목 부분 원단 2장)
고무줄 (길이 40cm, 폭 0.2cm) 1개
뜨개 끈(또는 리본) 적당량
기본 실 흰색 또는 원단 색

How to Make

1 양면 원단 중 발목 부분 원단 1장을 반으로 접어 시침핀으로 고정한 뒤 0.4cm 안쪽으로 홈질한다.

2 ①과 발바닥 원단을 맞대어 시침핀으로 고정한 뒤 0.4cm 안쪽으로 홈질하여 뒤집는다.

3 ②의 봉제선에서 0.5cm 안쪽으로 홈질한다. *이렇게 해야 스티치 장식 효과와 함께 안쪽 시접이 아기 피부에 닿는 것을 방지할 수 있어요.

4 원단의 발목 부분을 바깥쪽으로 1cm 접고 다시 3cm를 접는다.

5 처음 1cm 접었던 곳의 가운데 부분에 발목 둘레를 따라 홈질한다. 이때 고무줄이 들어갈 창구멍을 2cm 정도 남겨놓는다.

6 ⑤의 홈질선에서 1cm 위쪽에 발목 둘레를 따라 홈질한다. 고무줄이 발목 위쪽으로 움직이는 것을 막아준다.

7 창구멍을 따라 고무줄을 넣고 아기 발이 빠지지 않을 정도의 둘레를 잡아 매듭을 묶은 뒤 홈질로 창구멍을 막는다.

8 발목 앞쪽에 감침질로 리본을 달아 완성한다.

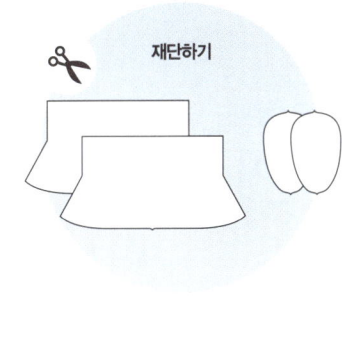
재단하기

1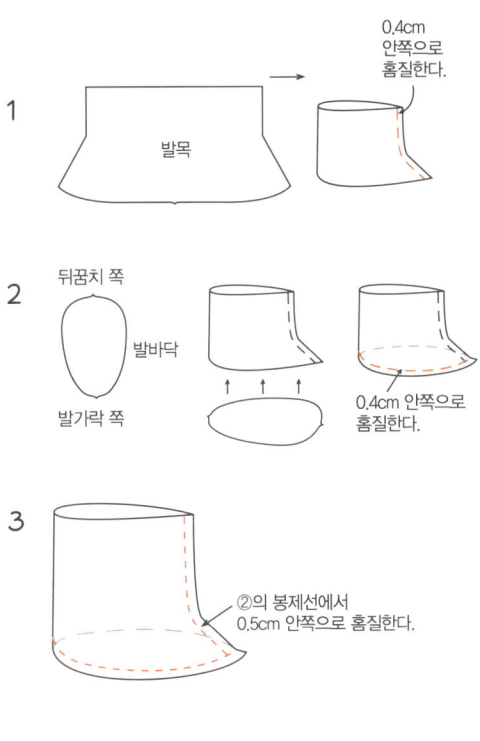
발목
0.4cm 안쪽으로 홈질한다.

2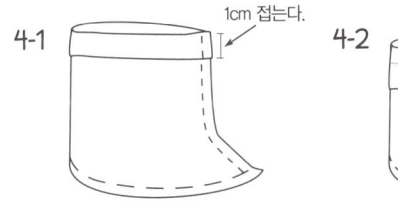
뒤꿈치 쪽
발바닥
발가락 쪽
0.4cm 안쪽으로 홈질한다.

3
②의 봉제선에서 0.5cm 안쪽으로 홈질한다.

4-1 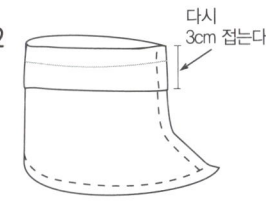 1cm 접는다.

4-2 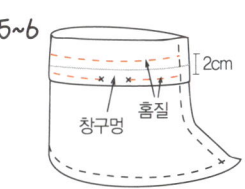 다시 3cm 접는다.

5~6 2cm
창구멍 홈질

7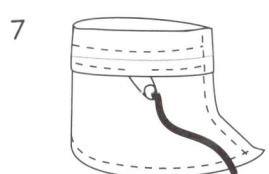

8

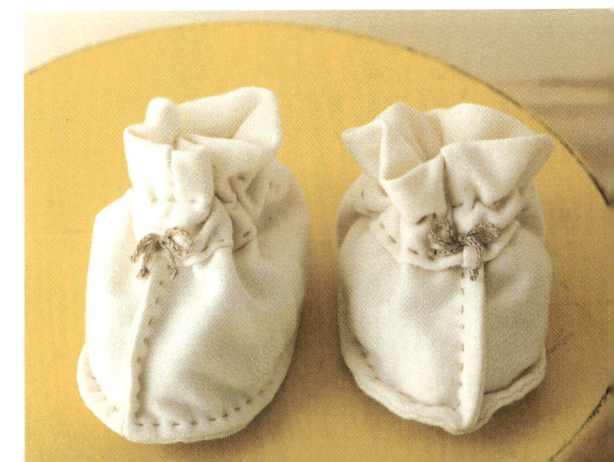

Ready

유기농 원단 상아색(30×30cm) 1장
유기농 타월 원단 밤색(30×30cm) 1장
똑딱단추 1쌍
새 아플리케용
유기농 원단 상아색(10×20cm) 1장
색실(눈, 부리, 구름 스티치용) 적당량
기본 실 흰색 또는 원단 색

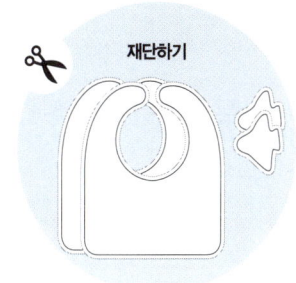

도안보다 1cm 크게 재단한다.

How to Make

1 밤색 원단에 새 아플리케를 공그르기로 고정하고 부리 부분은 색실로 촘촘하게 바느질한다. *p.21 새 아플리케 만들기를 참조하세요.
2 도안을 참조하여 구름 모양대로 색실 4겹으로 홈질 또는 박음질한다.
3 상아색 원단과 ②를 겉면끼리 맞댄 뒤 창구멍을 남기고 시접 0.5cm 안쪽으로 박음질한다.
4 시접을 0.5cm 남기고 정리한 뒤 창구멍으로 ③을 뒤집는다.
5 창구멍을 공그르기한 뒤 턱받이의 아기 목에 고정시킬 양쪽 끝부분에 똑딱단추를 단다.

> 옆 페이지의 완성 사진과 같이 턱받이 테두리에 스티치 장식을 하려면 가장자리에서 0.5cm 들어온 지점을 색실로 홈질하면 됩니다.

1-1
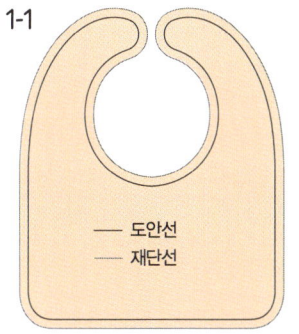
— 도안선
--- 재단선
도안보다 1cm 크게 재단한다.

1-2
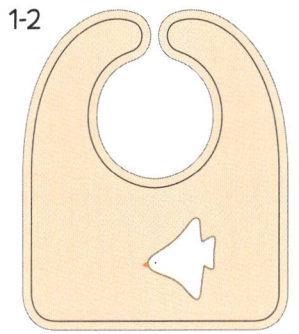

2
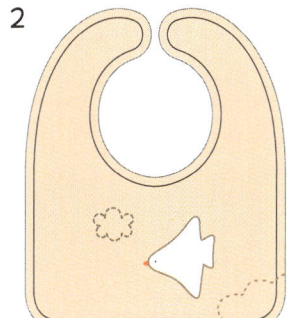

3
창구멍

4
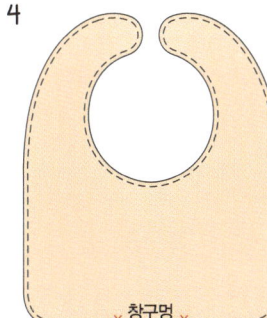
창구멍

5
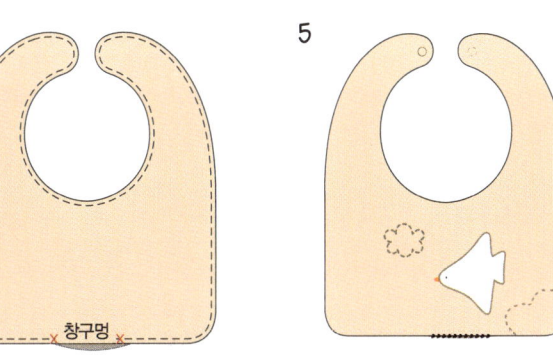

WEEK 8

토끼 얼굴 아플리케 장식
파일럿 모자

Ready

유기농 자카드 원단 양면무늬(47×18cm) 1장
유기농 바이어스테이프(길이 120cm) 1개
나무 단추(지름 2cm) 1개
토끼 얼굴 아플리케용
유기농 타월 원단 밤색(10×20cm) 1장
색실(눈, 코 스티치용) 적당량
기본 실 흰색 또는 원단 색

How to Make

1 재단한 모자 원단을 겉면끼리 맞 댄 뒤 모자 윗부분을 시접 0.5cm 를 남기고 한 조각씩 박음질로 연 결하여 전체를 하나의 통으로 만 든다.

2 ①을 뒤집어 겉이 나오면 모자 모 양을 잡고 모자 입구 부분에 바이 어스테이프를 두른다.

3 모자에 달 끈을 2개 만든다. *p.15 끈 만들기를 참조하세요.

4 ③의 끈을 ②의 양쪽에 감침질로 단다.

5 나무 단추와 토끼 아플리케를 끈 이 달린 부분에 각각 달아준다.
*다음 페이지의 토끼 얼굴 아플리케 만들기 를 참조하세요.

재단하기

도안대로 5개를 연결해서 그린다.

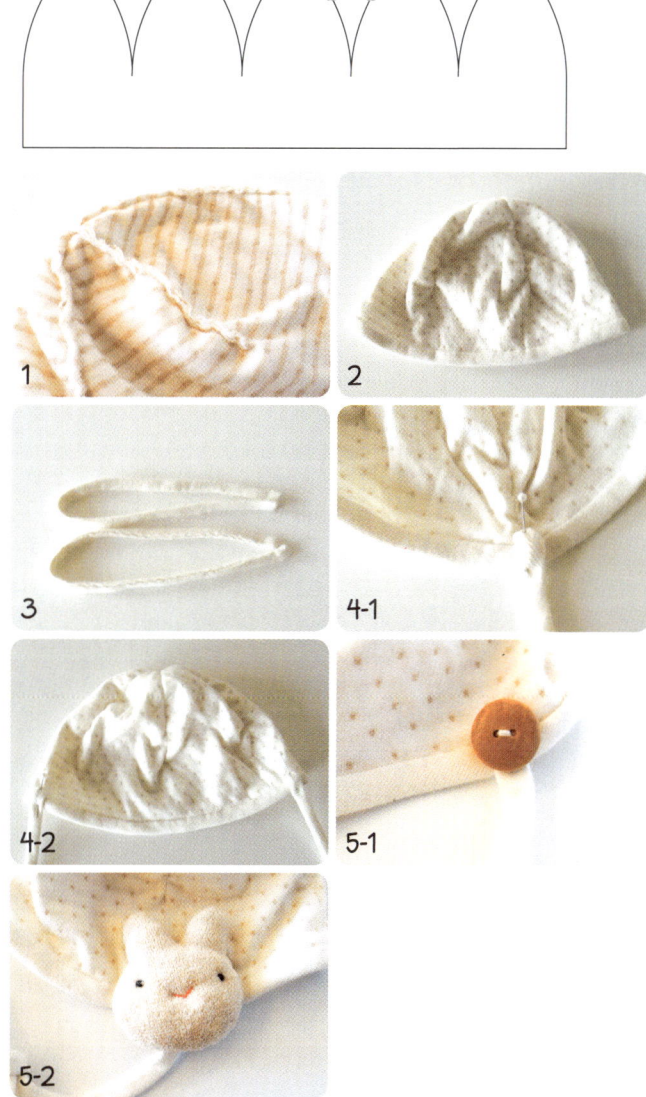

토끼 얼굴 아플리케 만들기

1 타월 원단을 겉면끼리 맞대어 도안대로 박음질한 뒤 시접을 0.5cm 남기고 정리한다.
2 타월 원단 한쪽 면에 창구멍을 내고 뒤집는다.
3 ②에 솜을 약간 넣은 뒤 구슬 눈을 달고 'V'자로 코 모양을 박음질한다.
4 창구멍을 감침질한다.

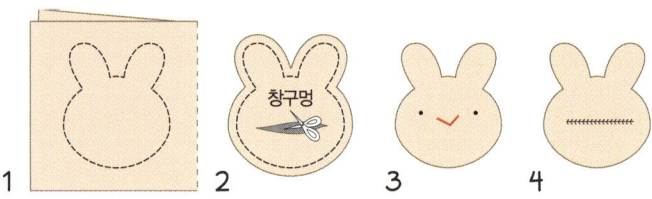

실물 도안

WEEK 9

모자 달린
겉싸개

Ready

겉싸개
- 유기농 원단 녹색 꽃무늬(80×80cm) 1장
- 리넨 원단 무지(10×60cm) 1장
- 유기농 원단 체크무늬(80×80cm) 1장
- 면 레이스 상아색(길이 45cm) 1개
- 나무 단추 (지름 2.5cm) 1개
- 바이어스테이프 체크무늬(길이 15cm) 1개

모자용
- 유기농 원단 녹색 꽃무늬(25×45cm) 1장
- 유기농 원단 체크무늬(30×60cm) 1장
- 패딩 솜 (30×60cm) 1장
- 색실(문자 스티치용) 적당량
- 기본 실 흰색 또는 원단 색

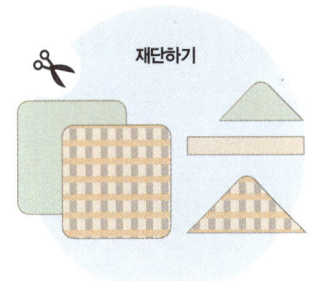

재단하기

How to Make

1 모자용 꽃무늬 원단과 겉싸개용 무지 원단을 그림과 같이 겉면끼리 맞대고 박음질한다.

2 ①을 뒤집어 무지 원단에 원하는 문구를 박음질로 수놓고 그림과 같은 위치에 레이스를 박음질로 단다.

3 ②와 모자용 체크무늬 원단을 겉면끼리 맞대고 아래쪽을 박음질한다.

4 패딩 솜을 ③의 체크무늬 원단과 꽃무늬 원단 사이에 넣어 원단 크기대로 재단한 뒤 시침질로 고정한다.

5 '패딩 솜→겉싸개용 체크무늬 원단→④, 바이어스테이프 끈→겉싸개용 꽃무늬 원단'의 순서대로 올려놓고 시침질로 고정한 뒤 창구멍을 남기고 박음질한다.

6 시접을 1cm만 남기고 정리한 뒤 겉싸개용 꽃무늬 원단만 창구멍으로 뒤집는다.

7 창구멍을 공그르기한 뒤 끈 위치에 맞춰 단추를 단다.

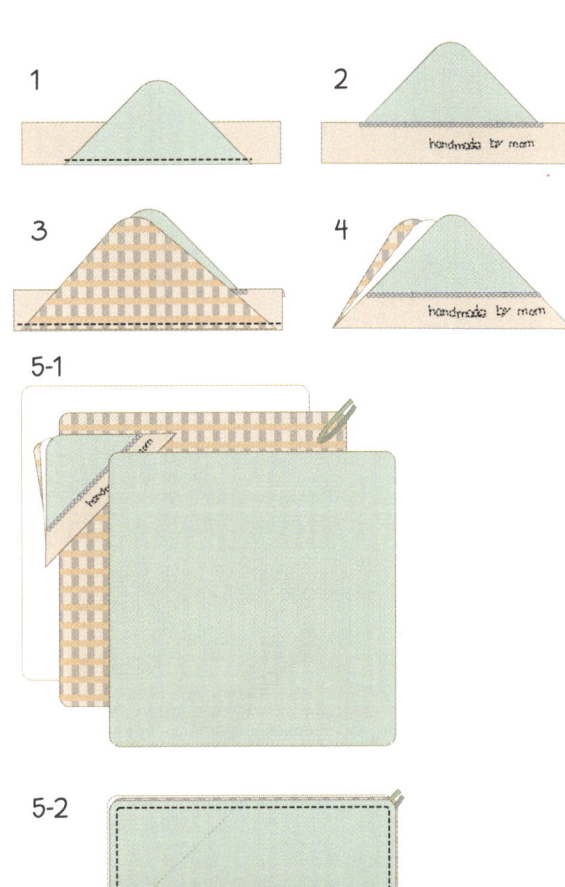

바이어스테이프 끈 만들기

1 바이어스테이프를 원단과 같은 색실로 공그르기한다. *p.15 끈 만들기를 참조하세요.

아기의 첫 장난감을 만들어요

임신 3개월차에 접어들었어요. 입덧이 심한 분들은 이때가 가장 힘들지요.
자꾸 즐거운 상상을 하고 태어날 아기 물건을 만들면서 입덧으로 지친
기분을 달래보는 건 어떨까요? 임신 10주부터 19주까지 만들 작품은 아기가 가지고 놀 장난감이랍니다.
아기의 단짝 친구가 되어줄 장난감을 엄마 손으로 만드는 건 정말 의미 있는 일이지요.
아기 몸에 해롭지 않은 유기농 천을 사용하니 안심하고 아기에게 줄 수 있어요.

WEEK 10

아기의 첫 친구
곰 인형

Ready

유기농 타월 원단 상아색(5×7cm) 1장
유기농 타월 원단 밤색(20×15cm) 2장
뜨개 끈(또는 리본) (길이 25cm) 1개
솜 적당량
색실(눈, 코 스티치용) 적당량
기본 실 흰색 또는 원단 색

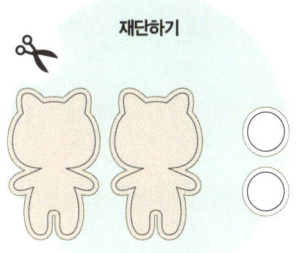

재단하기

인형 몸판과 코는 도안보다 1cm 크게 재단한다.

How to Make

곰 인형 코 만들기

1 곰 인형의 코 부분이 되는 상아색 타월 원단을 겉면끼리 맞대고 박음질한다. 시접을 0.5cm 남기고 정리한다.
2 ①의 한쪽 면에 창구멍을 내고 뒤집는다.
3 ②에 솜을 채우고 감침질한다.
4 중간 위치에 색실로 촘촘하게 바느질해 코를 완성한다.

곰 인형 얼굴과 몸 만들기

5 곰 인형 모양으로 재단한 밤색 타월 원단 1장에 진밤색 실로 반복해서 바느질해 눈을 만든다. *p.13 프렌치노트스티치를 참조하세요.

6 ⑤를 나머지 1장의 밤색 타월 원단과 함께 겉면끼리 맞댄 뒤 창구멍을 남기고 박음질한다.

7 시접을 0.5cm만 남기고 정리한 뒤 사진의 빨간색 선 위치에 가위집을 낸다. *목과 겨드랑이 부분에 가위집을 내면 뒤집었을 때 곰 인형 모양이 더 깔끔하고 예뻐요.

8 창구멍으로 원단을 뒤집어 솜을 마저 채운 뒤 창구멍은 공그르기 한다.

연결해 완성하기

9 ④의 코를 ⑧의 얼굴에 올려놓고 원단과 같은 색 실로 공그르기한다.

10 완성된 곰 인형의 목에 뜨개 끈(또는 리본)을 묶어 예쁘게 장식한다. *뜨개실로 끈을 떠서 리본 대신 묶어도 예뻐요.

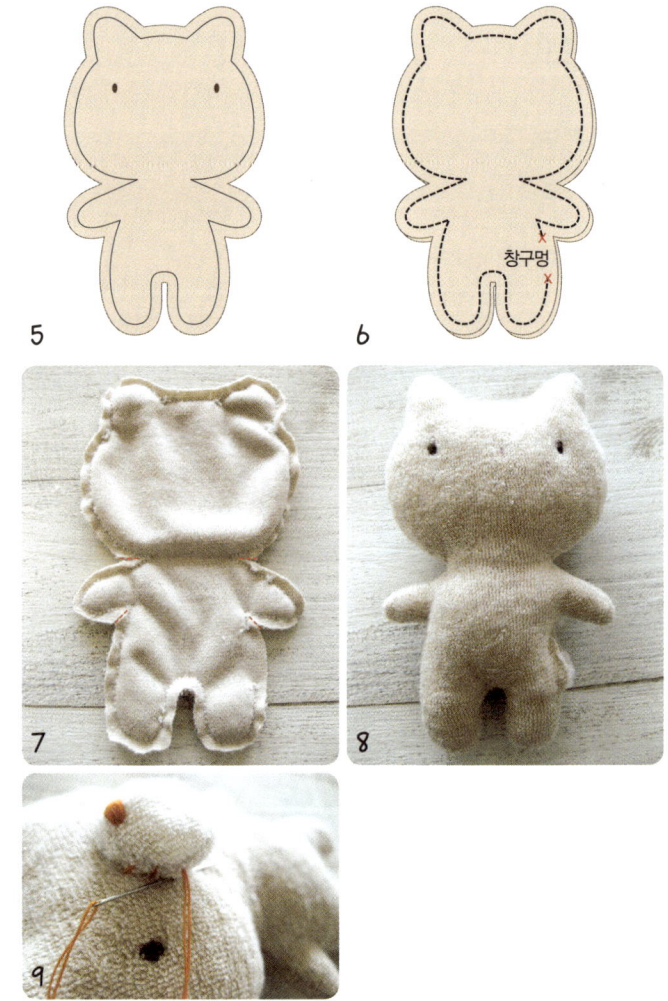

실물 도안

WEEK 11

곰 인형 모양의
딸랑이

Ready

유기농 타월 원단 상아색(20×10cm) 1장
유기농 타월 원단 밤색(5×10cm) 1장
유기농 양면 원단 줄무늬(30×10cm) 1장
유기농 원단 체크무늬 적당량
라벨(또는 리본, 조각 원단), **뜨개 끈**(또는 리본) 적당량
방울 1개
색실(눈, 코 스티치용) 적당량
기본 실 흰색 또는 원단 색

재단하기

How to Make

인형 얼굴 만들기

1. p.47 곰 인형 코 만들기 ①~④번을 참조해 인형 코를 만든다.
2. 얼굴 모양으로 재단한 원단 1장에 도안 위치를 참조해 눈을 진밤색 실로 바느질한다.
3. ②를 나머지 얼굴 모양의 원단 1장과 함께 겉면끼리 맞댄 뒤 시접 0.5cm 안쪽에 창구멍을 남기고 박음질한다. *p.48 곰 인형 만들기의 ⑦처럼 가위집을 약간 내면 모양이 더 예쁘게 나와요.
4. 시접을 0.5cm 남기고 정리한 뒤 창구멍으로 원단을 뒤집어 솜을 채우고 방울을 넣는다.
5. 만들어놓은 인형 코를 ④의 얼굴 위에 올려놓고 원단과 같은 색실로 공그르기한다.
6. 창구멍은 공그르기한다. *④에서 솜과 방울을 넣은 뒤 공그르기해도 되지만, 코를 달 때 매듭을 창구멍 안으로 숨기면 더욱 깔끔하니 창구멍은 마지막에 공그르기로 마무리하도록 하세요.

2
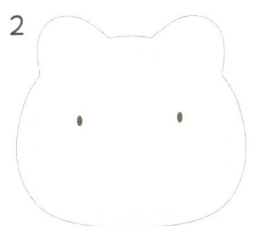

3
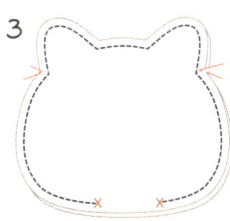

4
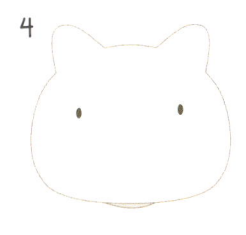

5

라벨 만들기(링 장식용)

*원하는 크기의 라벨보다 0.5cm 크게 재단하세요.

7 원단에 자수를 놓는다.

8 상하좌우로 시접 0.5cm를 접어 다리미로 다린다.

9 라벨 양옆을 색실로 홈질한다.

링 만들기

10 줄무늬 원단을 길게 반으로 접어 0.5cm 안쪽으로 창구멍을 남기고 박음질한다.

11 창구멍으로 원단을 뒤집어 솜을 채우고 공그르기한다.

12 ⑪의 양쪽 끝을 맞대고 공그르기한다.

13 ⑨의 라벨(리본 또는 조각 원단)로 ⑫의 연결 부분이 가려질 수 있게 감싸고 원단 끝을 감침질로 고정한다.

14 얼굴과 링이 맞닿은 목 부분을 2~3회 반복해 공그르기한다.

15 ⑭의 목 부분에 뜨개 끈(또는 리본)을 둘러 예쁘게 장식한다.

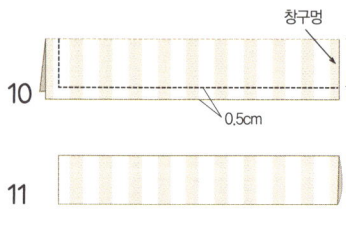  

실물 도안

Chapter 2 아기의 첫 장난감을 만들어요

WEEK 12

치발기로도 사용하는
아기 손수건

54

Ready

- 유기농 타월 원단 상아색(5×10cm) 1장
- 유기농 타월 원단 밤색(25×25cm) 1장
- 유기농 양면 원단 줄무늬(25×25cm) 1장

캐릭터 얼굴용
- 유기농 타월 원단 밤색(20×10cm) 1장
- 뜨개 끈(또는 리본) 적당량
- 색실(눈, 코 스티치용) 적당량
- 기본 실 흰색 또는 원단 색

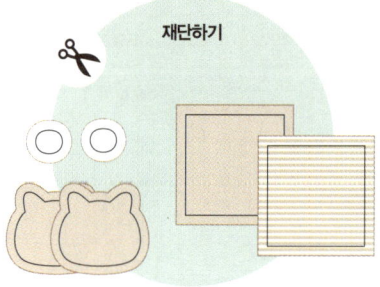

재단하기

인형 몸판과 코는 도안보다 1cm 크게 재단한다.

How to Make

인형 얼굴 만들기

1. p.51 링 딸랑이 인형 얼굴 만들기의 ①~⑤번을 참조해 인형 얼굴을 만든다.

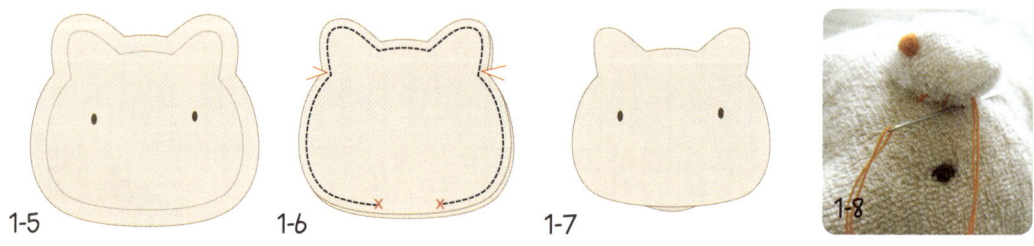

손수건 만들기

2 밤색 타월 원단과 줄무늬 양면 원단을 겉면끼리 맞댄 뒤 창구멍을 남기고 박음질한다.

3 시접을 0.5cm 남기고 모서리를 잘라 정리한다.

4 ③을 창구멍으로 뒤집고 양 옆선에서 0.5cm 안쪽에 색실로 홈질한 뒤 창구멍은 원단과 같은 색실로 공그르기한다.

연결해 완성하기

5 ①의 인형 얼굴을 손수건 중앙에 올리고 공그르기로 고정한다.

6 얼굴 밑에 뜨개 끈(또는 리본)을 예쁘게 묶어 장식한다. *코바늘뜨기로 끈을 만들어도 좋아요.

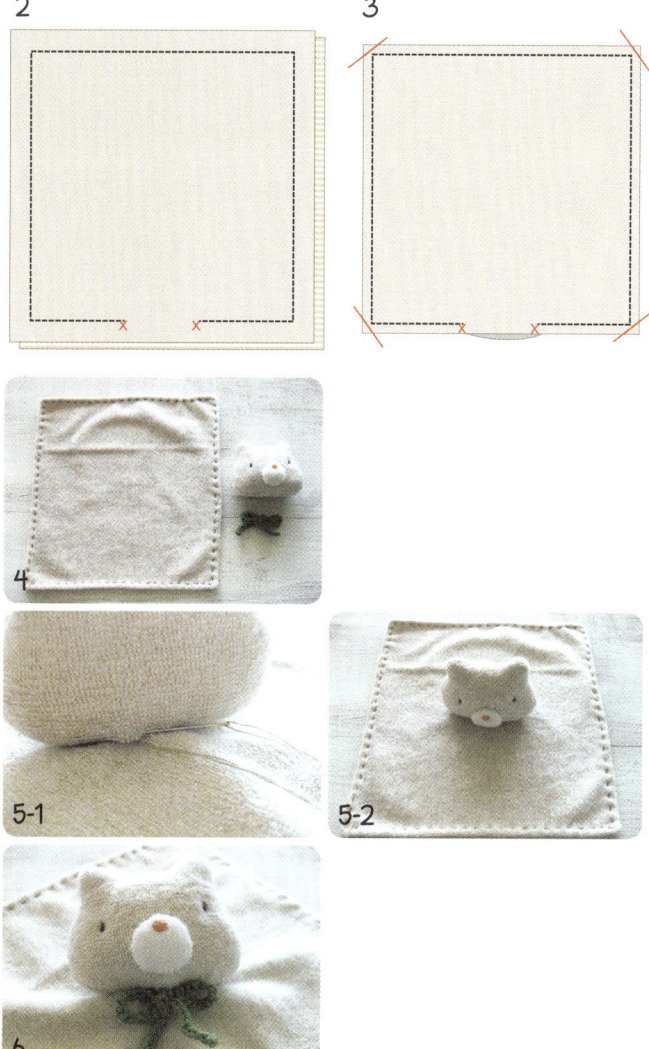

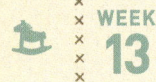

WEEK 13

나비 인형
손목 딸랑이

Ready

유기농 타월 원단 밤색(9×20cm) 1장
유기농 원단 상아색(6×8cm) 1장
유기농 원단 줄무늬(20×10cm) 1장
솜 적당량
똑딱단추 1쌍
방울 1개
색실(눈, 코 스티치용) 적당량
기본 실 흰색 또는 원단 색

재단하기

도안보다 1cm 크게 재단한다.

How to Make

나비 날개 만들기

1 밤색 타월 원단을 겉면끼리 맞대고 반으로 접은 뒤 나비 날개 도안을 그려 도안대로 박음질한다.

2 시접을 0.5cm만 남기고 원단을 정리한다. 이때 날개의 들어간 부분에 가위집을 낸다.

3 ②의 한쪽 면 원단 가운데에 창구멍을 내어 원단을 뒤집는다.

4 창구멍으로 솜과 방울을 넣은 뒤 장식한다.

5 포인트가 되도록 나비 몸 테두리를 밤색 실로 홈질한다. 이때 타월 원단은 표면이 파일 형태라 바느질이 잘 보이지 않을 수 있으니 3겹 정도 실을 겹쳐 홈질한다. *장식 바느질은 생략해도 돼요.

나비 몸 만들어 날개 연결하기

6 상아색 원단을 겉면끼리 맞대고 반으로 접은 뒤 원단 위에 도안을 그리고 도안대로 박음질한다.

7 시접을 0.5cm만 남겨 정리하고 원단 한쪽 면에 창구멍을 내어 뒤집은 뒤 솜을 넣고 감침질한다.

8 앞면에 검은색 실로 두 땀 정도 바느질해 눈을 만들고 주황색 실로 'V'자로 박음질해 코를 만든다. 이때 눈의 위치와 코의 크기 등은 도안을 참조한다.

9 ⑤의 날개와 ⑧의 몸을 맞대고 원단과 같은 색 실로 공그르기한다.

손목 밴드 만들기

10 줄무늬 원단을 겉면끼리 맞대어 반으로 접고 17×3cm의 직사각형을 그린 뒤 창구멍을 남기고 도안을 따라 박음질한다.

11 시접을 0.5cm만 남기고 창구멍으로 뒤집은 뒤 창구멍은 공그르기한다.

밴드에 나비 인형 연결해 완성하기

12 ⑨의 나비 인형을 ⑪의 밴드 중앙에 올려놓고 맞닿은 부분을 공그르기한다.

13 밴드 양끝에 서로 물리도록 똑딱단추를 단다. *똑딱단추를 서로 물린 채 한쪽에만 달아두었다가 아기가 태어난 뒤 손목 둘레에 맞추어 정확한 위치를 잡고 달아주세요.

WEEK 14

동글동글 귀여운
애벌레 인형

Ready

- **유기농 타월 원단** 상아색(15×30cm) 1장
- **유기농 타월 원단** 밤색(250×200cm) 1장
- **유기농 양면 원단** 물방울무늬·체크무늬(250×200cm) 1장씩
- **유기농 원단** 체크무늬(6×12cm) 1장
- **솜** 적당량
- **인형 눈** 1쌍
- **방울** 1개
- **색실(입 스티치용)** 빨간색 적당량
- **기본 실** 흰색 또는 원단 색

재단하기

얼굴과 귀는 도안보다 1cm 크게 재단한다.

How to Make

귀 만들기

1 귀 모양으로 재단한 체크무늬 원단 2장을 포개어 시접 0.5cm 안쪽으로 창구멍을 낸 뒤 박음질한다. 창구멍으로 원단을 뒤집고 솜을 약간 채운다. 같은 방법으로 나머지 귀 1개를 더 만든다.

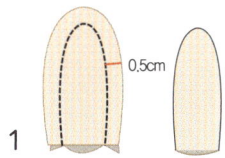

얼굴 만들기

2 상아색 타월 원단 1장에 인형 눈을 끼워 달고 빨간색 실 6겹으로 입 모양을 박음질한다. 검은색 실 4겹으로 눈 윗부분에 눈썹을 바느질한다.

3 ①의 귀를 그림과 같이 올려놓고 움직이지 않도록 얼굴의 시접 부분에 홈질한다.

4 나머지 상아색 타월 원단에 박음질선을 그린 뒤 ③과 겉면끼리 맞대고 포개어 창구멍을 남긴 채 박음질선을 따라 박음질한다.

5 창구멍으로 뒤집어 솜을 채우고 공그르기한다.

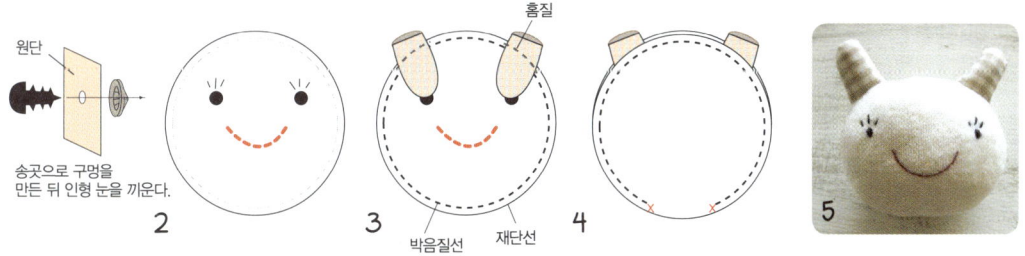

몸 만들기

6 밤색 타월 원단이나 양면 원단을 겉면끼리 맞닿도록 반으로 접는다.
7 4cm 정도의 창구멍을 남기고 원단 끝이 포개진 부분에 시접 0.5cm를 두어 박음질한다.
8 원단 위쪽의 시접 0.5cm를 큰 땀으로 홈질한 뒤 실을 쭉 잡아당겨 원단을 오므린다. 홈실한 부분을 실로 눌러 감아 풀어지지 않도록 묶는다.
9 ⑧의 반대쪽도 같은 방법으로 바느질한 뒤 양쪽을 사탕 모양으로 묶는다. 창구멍으로 원단을 뒤집어 솜과 방울을 넣고 창구멍을 공그르기한다. 같은 방법으로 나머지 3개를 더 만든다.

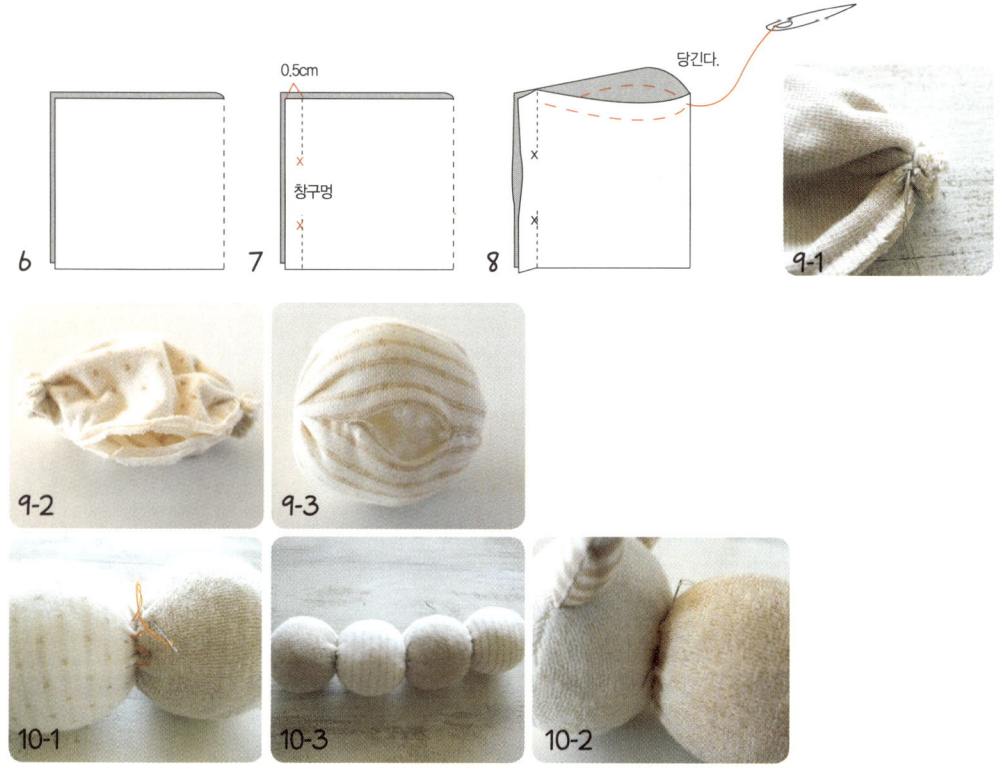

연결해 완성하기

10 ⑤의 얼굴과 ⑨의 동근 몸통 4개를 사진처럼 공그르기로 연결한다. 몸은 공그르기한 부분이 바닥 쪽으로 오도록 한다. 아기가 잡아당기며 놀 수 있도록 튼튼하게 바느질한다.

> **응용해보세요!**
> 애벌레 인형 장난감을 실이나 리본에 연결해 높낮이를 달리하여 걸어 두면 근사한 모빌이 됩니다.

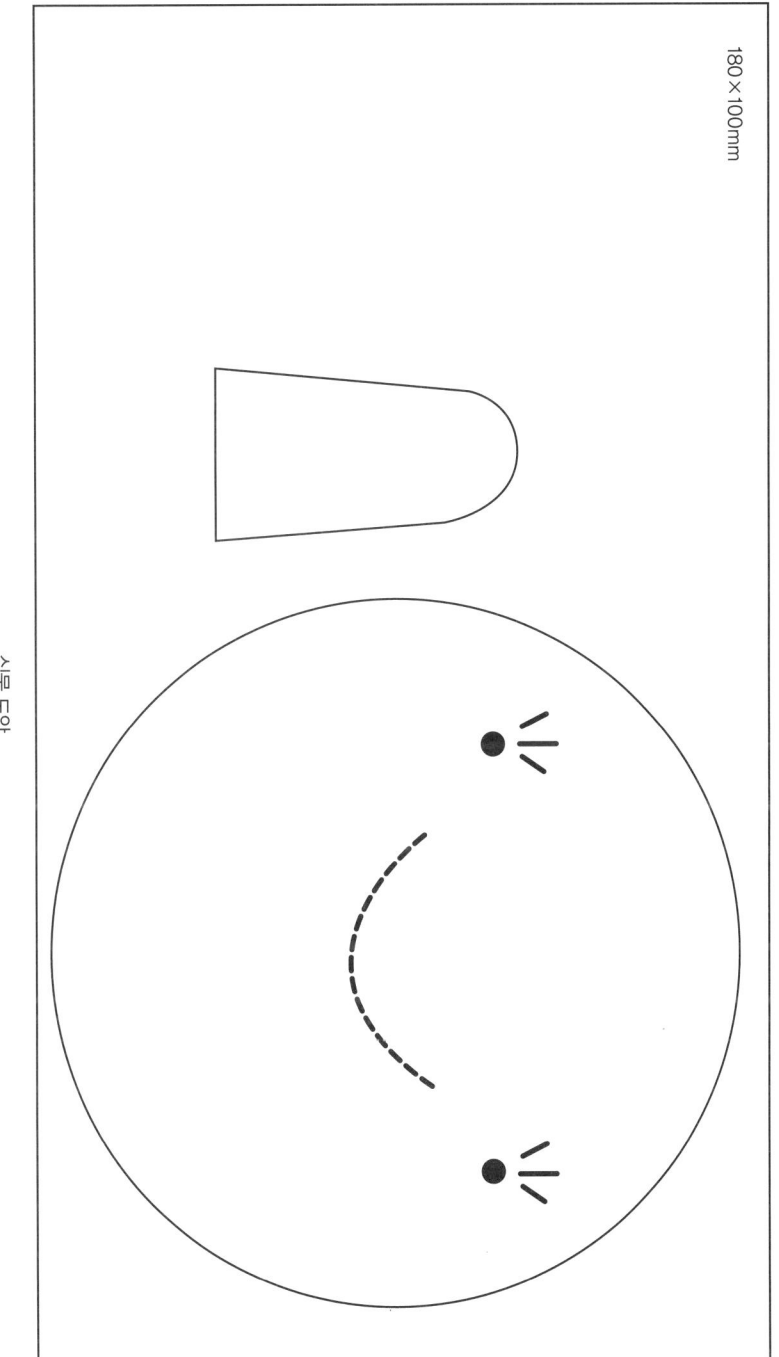

WEEK 15

아기의 동물 친구
말 모빌

코끼리 모빌 p.68

달팽이 모빌 p.70

말 모빌

Ready

유기농 타월 원단 (20×14cm) 1장
끈, 솜, 털실 적당량
색실(눈, 입 스티치용) 적당량
기본 실 흰색 또는 원단 색

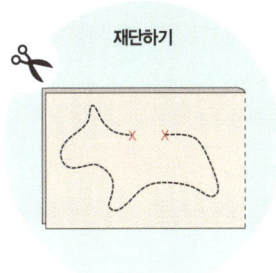

How to Make

말 몸 만들기

1 타월 원단을 겉면끼리 맞대 반으로 접고 중앙에 도안을 그린다.
2 창구멍을 남기고 도안을 따라 박음질한 뒤 시접을 0.5cm 남기고 정리한다.
3 ②를 창구멍으로 뒤집어 솜을 채운다.
4 검은색 실을 창구멍으로 넣어 양쪽 눈을 만든 뒤 색실로 'V'자가 되게 입 모양을 박음질하고 창구멍은 공그르기한다. *p.13 프렌치노트스티치를 참조하세요.
5 머리와 등 중간에 매듭지어 묶은 끈을 달고 말과 함께 감침질한다. 머리 뒷부분부터 등까지 털실로 만든 말갈기를 대고 바느질로 고정한다. *아래의 말갈기 만들기를 참조하세요.

연결해 완성하기

6 말 인형을 여러 개 만든 뒤 서로 길이가 다른 실이나 털실, 리본 등을 달아 모빌을 완성한다.

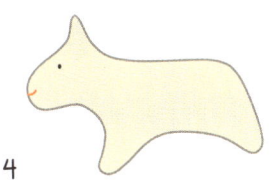

말갈기 만들기

1 5cm 길이로 자른 털실을 여러 개 준비한다.
2 ①의 중간에 털실과 같은 색 실을 사용해 말 인형 귀 뒷부분에 감침질로 고정한다.
3 털실을 한 번 묶은 뒤 점점 아래쪽으로 이동하면서 등 중산 부분까지 ①, ②를 반복하다가 마지막에 털실 끝을 잡아당겨 풀어 준다.
4 가위를 사용해 적당한 길이로 정리하면 말갈기가 완성된다.

응용해보세요!
코끼리 모빌

Ready

유기농 타월 원단 무지(20×14cm) 1장
유기농 원단 물방울무늬(28×6cm) 1장
끈, 솜, 털실 적당량
색실(눈, 스티치용) 적당량
기본 실 흰색 또는 원단 색

How to Make

코끼리 몸 만들기

1 p.66 말 모빌 만들기 ①~④를 참조해 코끼리 몸을 만든다. 이때 매듭지어 묶은 끈을 창구멍으로 끼워 넣고 공그르기로 마무리한다.

코끼리 귀 만들기

2 프린트 원단을 겉면끼리 맞댄 뒤 창구멍을 남기고 도안대로 박음질한다.
3 시접을 0.5cm 남기고 정리한 뒤 창구멍으로 뒤집는다.
4 창구멍은 공그르기한다.

연결해 완성하기

5 ①의 코끼리 몸에 ④의 귀를 대고 앞부분만 공그르기한다.

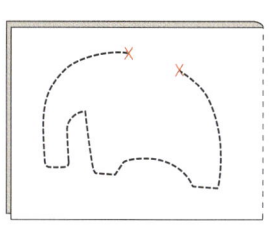
1

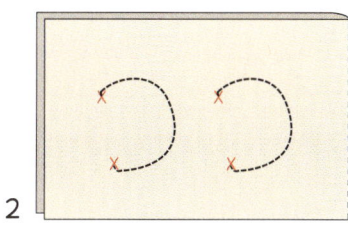
2

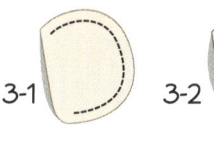 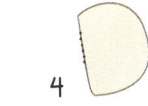
3-1   3-2   4

5

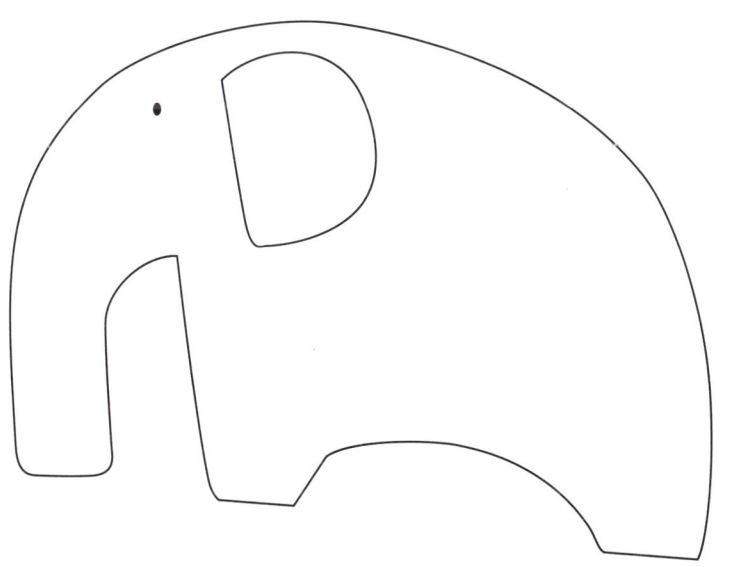
실물 도안

Ready

유기농 타월 원단 상아색(20×14cm) 1장
유기농 원단 물방울무늬 또는 줄무늬(28×6cm) 1장
끈, 솜, 털실 적당량
색실(눈, 코 스티치용) 적당량
기본 실 흰색 또는 원단 색

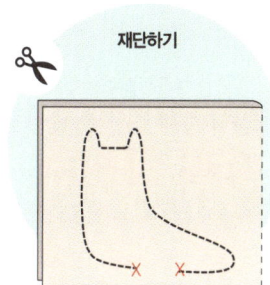

재단하기

How to Make

달팽이 몸 만들기

1 말 모빌 만들기 ①~④를 참조해 달팽이 몸을 만든다.

달팽이 등껍질 만들기

2 물방울무늬 원단을 겉면끼리 맞대고 반으로 접은 뒤 26×2cm의 사각형을 그린다. 한쪽 끝을 창구멍으로 터놓고 나머지 맞댄 부분은 선을 따라 박음질한 뒤 시접을 0.5cm 남기고 정리한다.

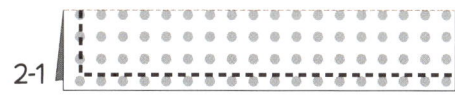
2-1

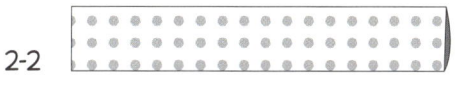
2-2

3 창구멍으로 뒤집어 솜을 채우고 창구멍은 공그르기한 뒤 한쪽 끝을 접어 바느질로 고정한다. *입구는 좁고 길이가 긴 형태의 원단을 뒤집거나 솜을 넣을 때는 집게가위를 사용하면 편리해요.

4 전체적으로 돌돌 말아 반대쪽 끝과 함께 움직이지 않도록 바느질로 고정한다.

연결해 완성하기

5 모빌로 연결할 끈을 달팽이 몸의 등 쪽에 바느질로 고정한다.

6 달팽이 등껍질을 끈 달린 몸 위에 올려놓고 공그르기로 고정한다.

실물 도안

WEEK 17

여러 가지 원단을 이은
공 딸랑이

Ready

유기농 타월 원단 밤색(16×15cm) 1장
유기농 양면 원단 상아색(15×30cm) 1장
유기농 원단 서로 다른 무늬(8×15cm) 3장
비즈 2개
방울 1개
색실(눈, 입 스티치용) 밤색, 주황색, 연분홍색 적당량
기본 실 흰색 또는 원단 색

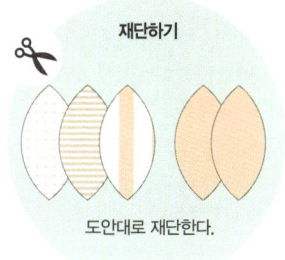

재단하기

도안대로 재단한다.

How to Make

구름 만들기

1 상아색 양면 원단을 반으로 접어 한쪽에 도안을 그린다. 도안을 따라 박음질한 뒤 시접을 0.5cm 남기고 정리한다.

2 구름 가장자리의 들어간 부분에 가위집을 넣고 한쪽 면 가운데에 창구멍을 내어 뒤집는다.

3 원단 앞면에 도안을 참고하여 밤색 실로 눈을 만들고 입은 주황색 실로 'U'자 모양으로 박음질한다. 볼은 연분홍색 실로 사진과 같이 박음질한다. 테두리를 따라 색실로 홈질해 포인트를 주어도 좋다.

동그라미 만들기

4 구름 만들기 과정을 참조해 동그라미를 만든다.

공 만들기

5 공 도안을 그림과 같이 연결하고 서로 맞닿은 부분은 시접 0.5cm 안쪽에 박음질한다. 이때 첫 번째와 마지막 원단을 연결할 때는 창구멍을 남기고 박음질한 뒤 창구멍으로 뒤집는다.

6 공 모양이 예쁘게 잡히도록 솜을 골고루 채워주고 가운데에 방울을 넣는다. 이때 자수를 놓고 싶은 부분에 대명이나 원하는 문구 등을 바느질로 새긴다.

7 창구멍은 공그르기하고 공의 위아래 부분에 만들어둔 구름과 동그라미를 원단과 같은 색실로 각각 공그르기해 깔끔하게 정리한다.

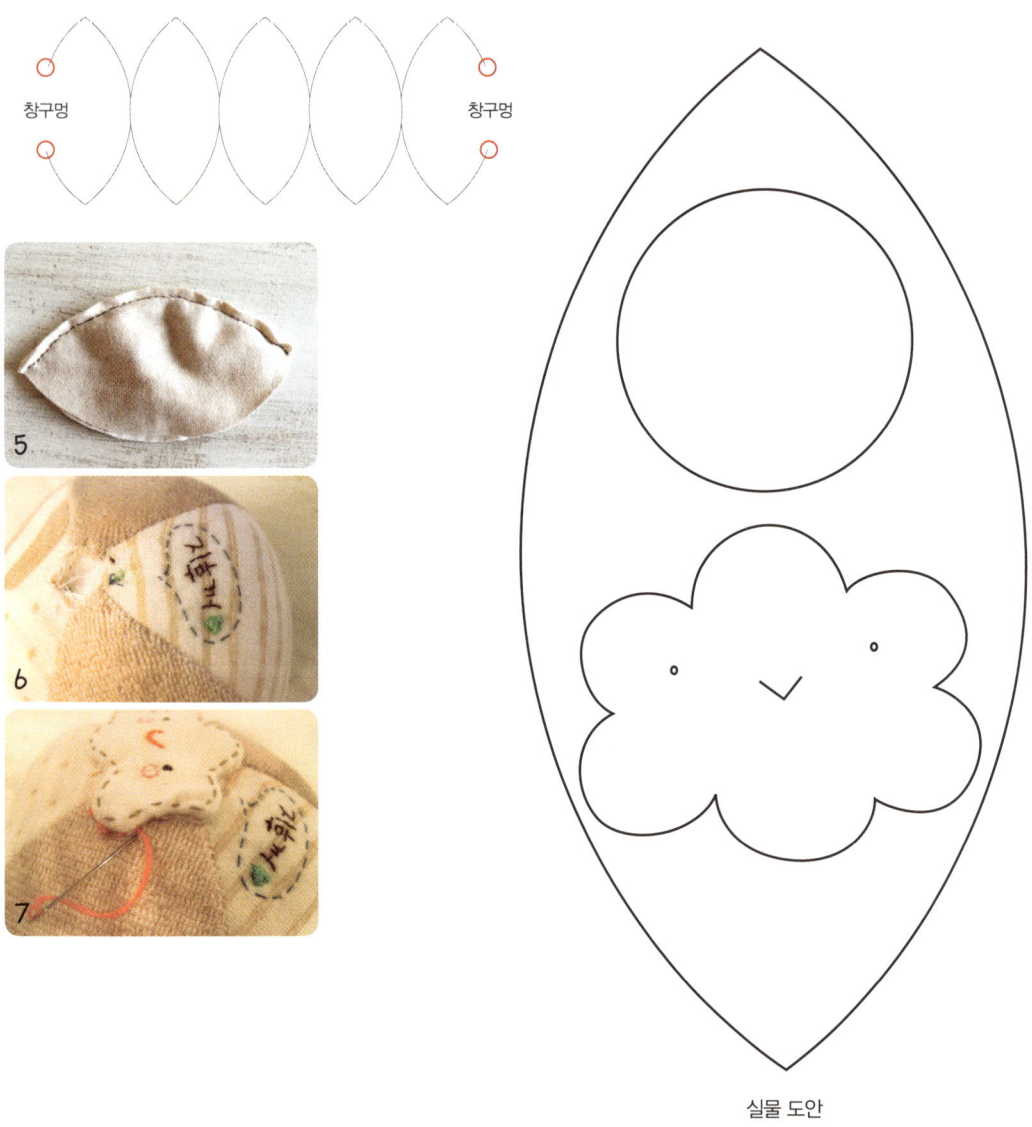

실물 도안

WEEK 18

눈과 입을 그려 넣은
서양배 딸랑이

Ready

유기농 벨보아 원단 밤색(7X60cm) 1장
유기농 면 원단 체크무늬(5X7cm) 1장
라벨용 원단 (3X6cm) 1장
끈 적당량
색실(눈, 코 스티치용) 적당량
기본 실 흰색 또는 원단 색

How to Make

나뭇잎 만들기

1. 체크무늬 원단을 반으로 접어 도안을 그린 뒤 창구멍을 남기고 도안대로 박음질한다.
2. 시접을 0.5cm 남기고 정리한 뒤 나뭇잎 끝은 그림과 같이 시접을 잘라낸다. 이때 나뭇잎 끝을 뾰족하게 만들려면 끝 시접을 한 번 더 정리한다.
3. 창구멍으로 원단을 뒤집고 솜을 약간 채운 뒤 창구멍은 공그르기 한다.

얼굴 꾸미기

4. 도안대로 자른 배 조각 원단 중 1장에 진밤색 실로 촘촘하게 메우듯 바느질하고 그 위에 흰색 실로 프렌치노트스티치를 수놓는다. 입은 주황색 실로 박음질한다. *얼굴 꾸미기는 생략해도 돼요.

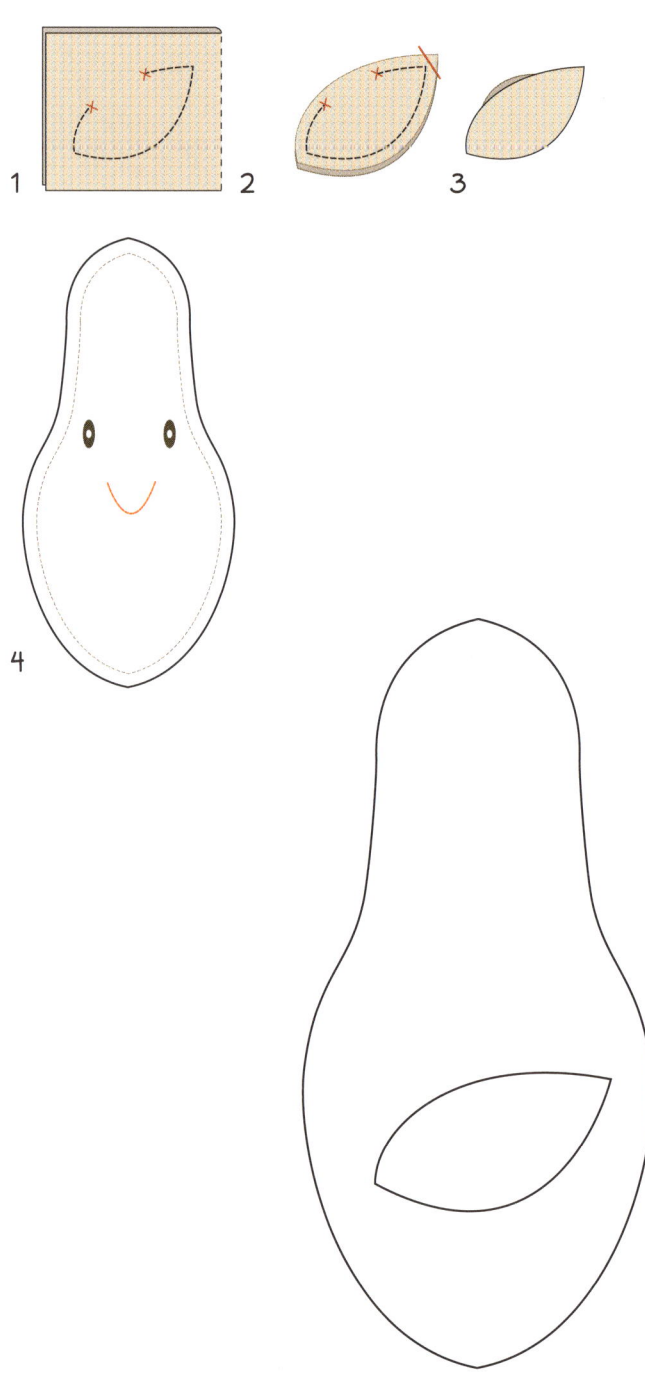

실물 도안

서양배 모양 만들기

5 5장의 원단 조각이 서로 맞닿은 부분을 시접 0.5cm만 남기고 박음질한다.

6 첫 번째와 마지막 원단을 연결할 때는 라벨을 끼우고 창구멍을 남긴 뒤 박음질한다. *p.15 라벨 만들기를 참조하되, 라벨은 생략해도 돼요.

7 ⑥을 창구멍으로 뒤집어 솜과 방울을 넣는다. 끈을 꼬아 반으로 접은 뒤 끝을 매듭지어 배의 위쪽 꼭지 부분에 끼운다.

8 배의 윗부분과 ⑦ 끈의 매듭 부분을 원단과 함께 아물려 튼튼하게 공그르기한다.

연결해 완성하기

9 ③의 나뭇잎을 ⑧의 윗부분에 바느질로 고정한다.

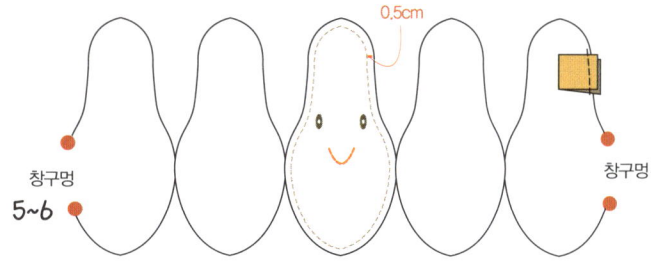

WEEK 19

숫자가 있는
주사위 딸랑이

Ready

유기농 타월 원단 밤색(30×20cm) 1장
멜란지 원단 (10×50cm) 1장
스펀지 (10×10cm) 1개
방울 1개
기본 실 흰색 또는 원단 색

How to Make

1. 도안대로 재단한 각 원단에 숫자나 글자를 색실로 홈질 또는 반박음질한다.
2. ①의 원단을 겉면끼리 맞대고 한쪽 변의 시접 1cm 안쪽에 박음질한다. 이때 타월 원단은 신축성이 있기 때문에 도안에서 1cm 여분을 두고 바느질하는 것이 좋다.
3. 6장의 원단을 모두 연결한다. 숫자 1과 4를 겉면끼리 맞댄 뒤 시접 1cm를 남기고 박음질한다.
4. 숫자 1, 3, 4의 아래쪽을 숫자 6과 겉면끼리 맞댄 뒤 시접 1cm를 남기고 박음질한다.
5. 방울이 들어갈 수 있도록 스펀지 중앙을 칼이나 가위로 자른다.
6. ④에 ⑤를 넣고 숫자 5의 원단을 시접 1cm를 접어 넣어 공그르기한다.

> **신축성 없는 원단으로 만들 경우**
> 타월이나 벨보아 등 신축성 있는 원단은 시접을 0.5cm 두고 박음질하세요. 펠트 원단도 마찬가지입니다. 단, 신축성이 전혀 없는 프린트 원단은 13×13cm로 재단한 뒤 시접을 0.5cm 남기고 박음질하세요. 스펀지가 푹신푹신하므로 원단에 시접이나 여분이 없이 딱 맞게 들어가야 예쁜 주사위 모양이 나옵니다.

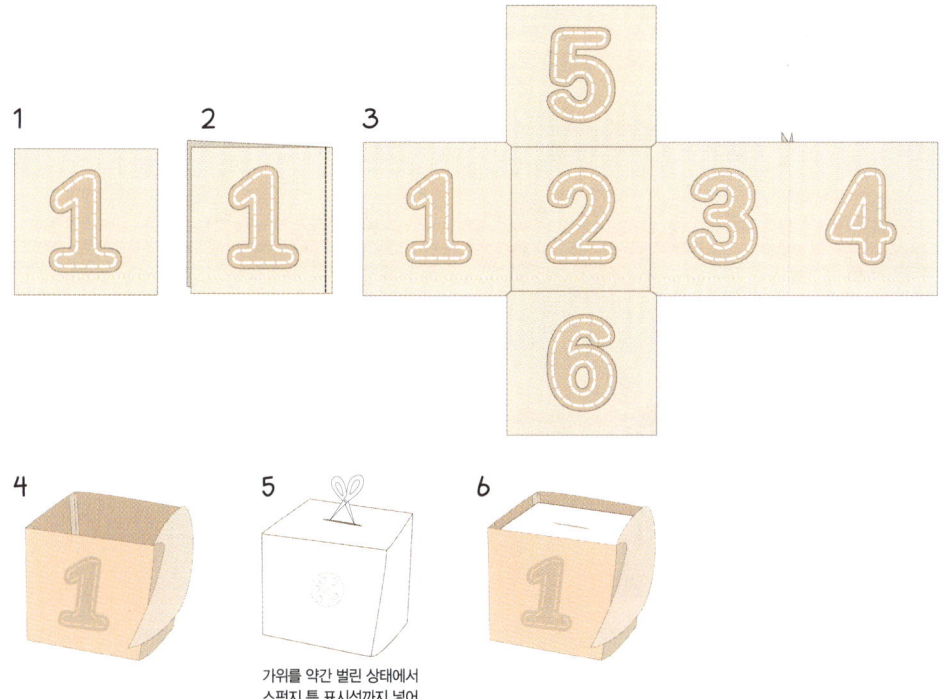

5. 가위를 약간 벌린 상태에서 스펀지 틈 표시선까지 넣어 속에서 자른 뒤 그 틈에 방울을 넣는다.

외출 용품을 만들어요

엄마 배에서 나와 바깥 세상에 적응 중인 아기는 예방접종일을 기점으로 슬슬 외출을 시작합니다.
호기심 가득한 눈망울로 이곳저곳 두리번거리며 세상 구경에 나선 아기.
그 예쁜 손과 발에 엄마가 만든 장갑과 신발을 끼우고 포근한 블랭킷으로 감싸주세요.
기저귀와 젖병 등을 담는 가방도 엄마가 정성스레 만든 것이라면 더욱 좋겠죠?
태교하면서 출산 뒤 외출 준비까지 해뒀으니 참 부지런한 엄마예요.

WEEK 20

아플리케로 장식한
양면 조끼

Ready

조끼용
유기농 타월 원단 상아색(68×30cm) 1장
유기농 벨보아 원단 밤색(68×30cm) 1장
똑딱단추 2쌍

코끼리 아플리케용
유기농 타월 원단 상아색(15×22cm) 1장
유기농 원단 체크무늬(5×10cm) 1장
솜 적당량

토끼 얼굴 아플리케용
유기농 타월 원단 미색(9×20cm) 1장
면 레이스 상아색(길이 20cm) 1개
기본 실 흰색 또는 원단 색

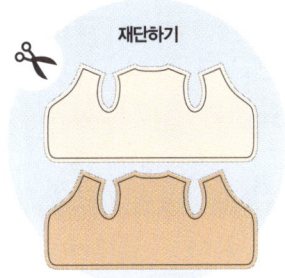

재단하기
도안보다 2cm 크게 재단한다.

How to Make

양면 조끼 만들기

1 상아색 타월 원단과 벨보아 원단을 도안대로 재단한다.
2 ①의 겉면끼리 맞대고 윗부분과 아랫부분의 창구멍을 남긴 뒤 박음질한다.
3 아래쪽 창구멍으로 뒤집는다.
4 벨보아 원단의 양쪽 어깨 윗부분을 겉면끼리 맞대고 박음질해 연결한다.
5 아래쪽 창구멍을 통해 뒤집은 뒤 타월 원단의 양쪽 어깨 윗부분을 겉면끼리 맞대고 박음질한다. 반대쪽 어깨도 같은 방법으로 박음질한다.
6 창구멍을 공그르기한다.
7 양면 조끼의 안과 밖에 똑딱단추를 단다.
8 소매 부분을 제외하고 양면 조끼를 따라 색실로 홈질한 뒤 한 조끼에는 코끼리 아플리케를 주머니 부분에, 다른 조끼에는 토끼 얼굴 아플리케를 옷 여밈 부분에 공그르기로 달아 장식한다. 이때 토끼 얼굴 아플리케 아랫부분에 면 레이스로 묶은 리본을 대고 바느질로 고정한다. *p.38 파일럿 모자의 토끼 얼굴 아플리케와 다음 페이지의 코끼리 아플리케 만들기를 참조하세요.

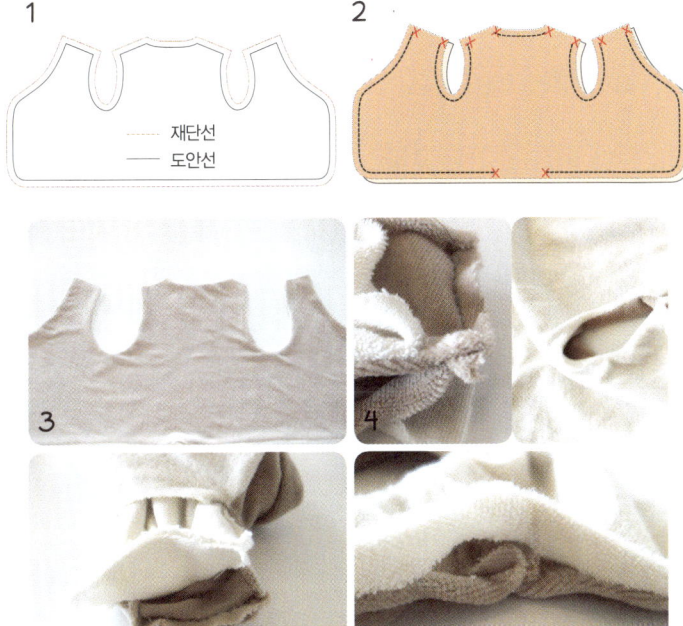

코끼리 아플리케 만들기

1 상아색 타월 원단을 겉면끼리 맞대어 반으로 접는다.
2 창구멍을 남기고 도안대로 박음질한 뒤 시접을 정리한다.
3 창구멍으로 원단을 뒤집어 솜을 약간 넣은 뒤 공그르기한다.
4 프렌치노트스티치로 눈을 바느질한다.
5 체크무늬 원단을 반으로 접어 창구멍을 남기고 도안대로 박음질한 뒤 창구멍으로 뒤집고 공그르기해 코끼리 귀를 완성한다.
6 ④의 몸통 위에 ⑤의 귀를 올려 귀 모양대로 공그르기한다.

Chapter 3 외출 용품을 만들어요 85

WEEK 21

두 가지 원단으로 배색한
다용도 수면 조끼

Ready

유기농 벨보아 원단 밤색(85×58cm) 1장
유기농 양면 원단 줄무늬(85×58cm) 1장
똑딱단추 3쌍
나무 단추 (지름 2cm) 2개
토끼 얼굴 아플리케용
유기농 양면 원단 상아색(25×40cm) 1장
색실(눈, 코, 수염 스티치용) 적당량
기본 실 흰색 또는 원단 색

How to Make

토끼 얼굴 아플리케 만들기

1 상아색 원단을 반으로 접어 창구멍을 남기고 도안대로 박음질한다.
2 창구멍으로 원단을 뒤집은 뒤 창구멍은 공그르기한다.
3 눈은 프렌치노트스티치(p.13 참조)하고 코는 촘촘히 바느질한다. 눈썹은 한 땀씩 바느질한다. 수염을 박음질한 뒤 얼굴 테두리를 따라 홈질한다.

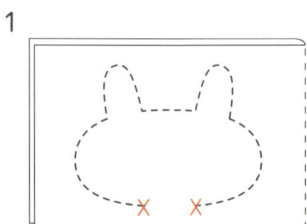
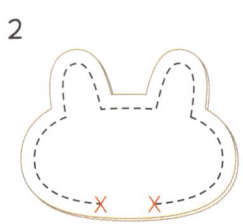

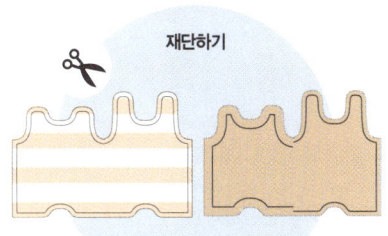

재단하기
도안보다 1cm 크게 재단한다.

장식 연결해 완성하기

4 줄무늬 원단과 밤색 벨보아 원단을 도안대로 재단한다.

5 완성한 ③의 토끼 얼굴 아플리케를 밤색 벨보아 원단에 올린 뒤 원단과 같은 색실로 공그르기한다.

6 줄무늬 원단과 ⑤를 겉면끼리 맞대고 시침핀으로 고정한 뒤 조끼 옆선과 아랫부분에 창구멍을 남기고 박음질한다.

7 시접을 0.5cm만 남기고 정리한 뒤 창구멍으로 밤색 벨보아 원단이 나오게 뒤집는다.

8 ⑦을 양 옆선이 맞닿도록 반으로 접어 조끼 옆선 창구멍으로 줄무늬 원단끼리 겉면을 맞대어 박음질한다.

9 옆 창구멍으로 다시 ⑧을 뒤집어 줄무늬 원단이 겉으로 나오게 한다. 밤색 벨보아 원단의 겉면끼리 맞대고 박음질한 뒤 아래 창구멍으로 겉면이 나오도록 다시 뒤집는다.

10 아래쪽 창구멍을 공그르기한 뒤 똑딱단추를 단다.

11 어깨 연결 부분 앞뒤에 똑딱단추를 단다.

12 어깨 똑딱단추 연결 부분에 나무단추를 달아 장식한다.

4

재단선
도안선

5

6

7

8

9

10-1

10-2

12-1

12-2

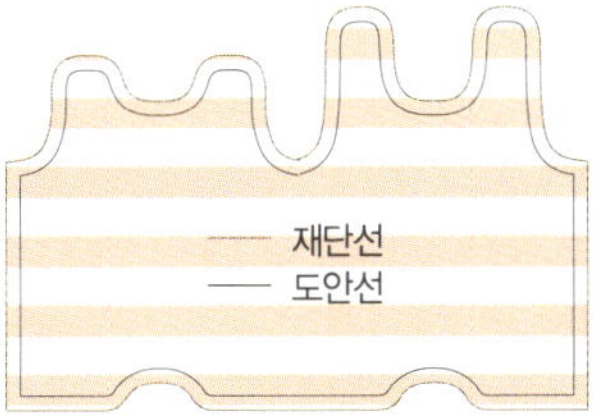

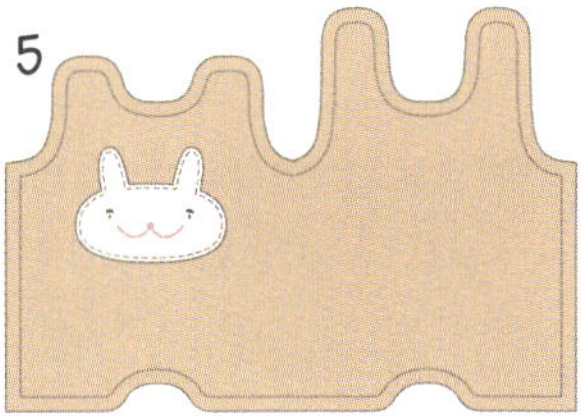

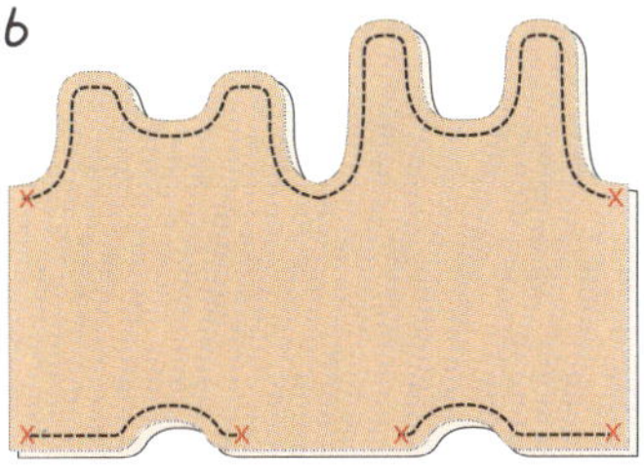

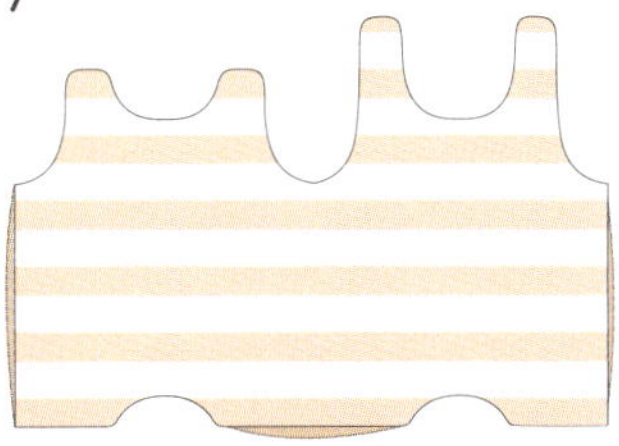

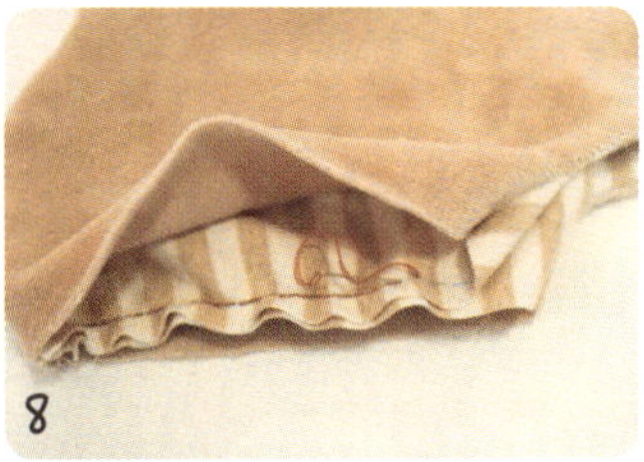

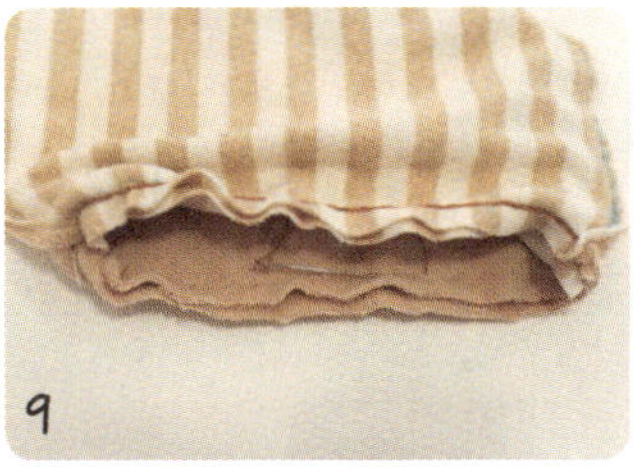

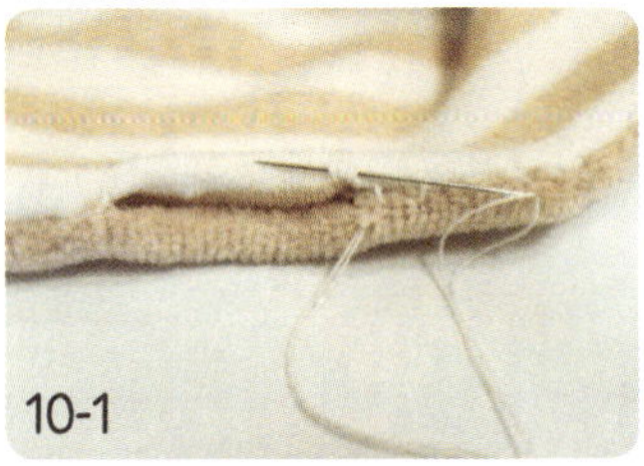

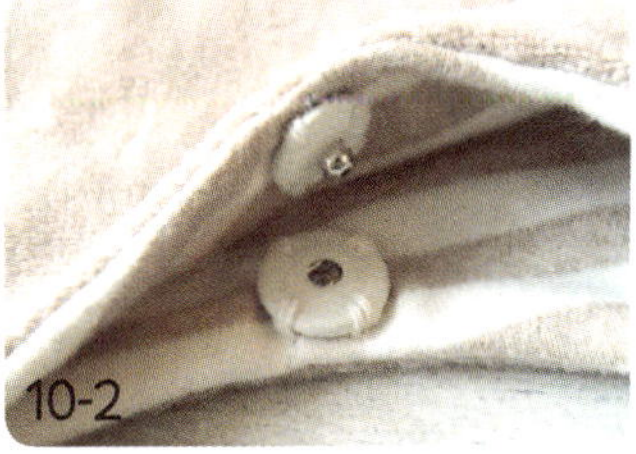

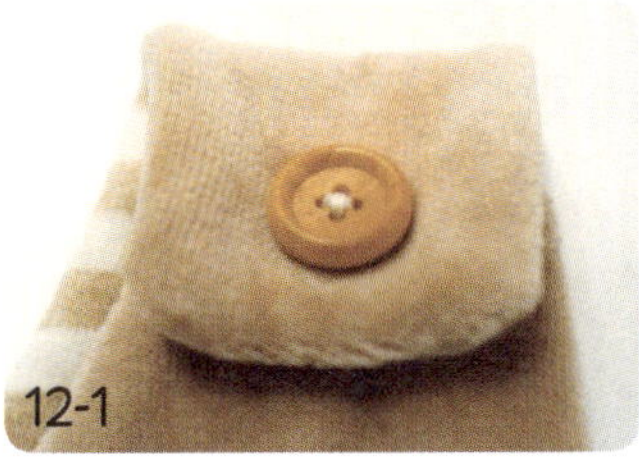

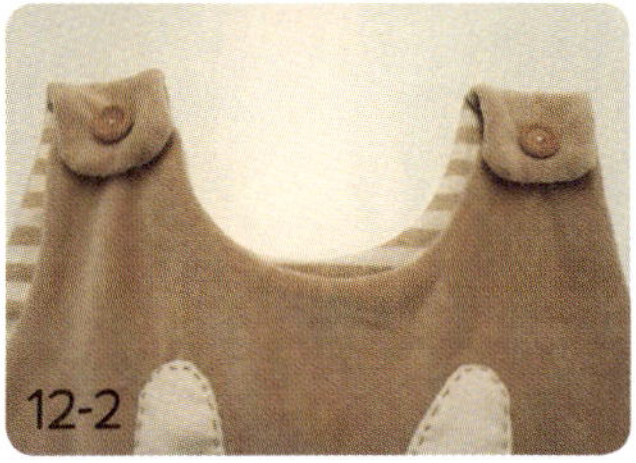

WEEK 22

낮잠 이불로도 좋은
블랭킷

Ready

면 누비 원단 (85×75cm) 1장
선염 면 원단 줄무늬(100×90cm) 1장
면 원단 꽃무늬 A(85×6cm) 2장, 꽃무늬 B(75×6cm) 2장

부엉이 자수 장식 라벨용
리넨 원단 빨간색(15×20cm) 2장
색실(부엉이 자수용) 적당량
기본 실 흰색 또는 원단 색

How to Make

부엉이 자수 장식 라벨 만들기 실물 도안 참조

1 빨간색 원단에 도안용 펜으로 부엉이 모양과 문구를 그린 뒤 선을 따라 바느질한다.
2 ①을 같은 크기의 리넨 원단과 함께 겉면끼리 맞대고 창구멍을 남긴 채 박음질한 뒤 시접을 0.5cm 남기고 정리한다.
3 창구멍으로 뒤집은 뒤 다림질한다.

장식 연결해 완성하기

4 재단한 줄무늬 원단의 안쪽이 보이도록 두고 누비 원단을 중앙에 올려 움직이지 않게 시침핀으로 고정한다.
5 꽃무늬 A 원단을 폭이 좁고 길이가 긴 모양이 되도록 반으로 접어 다림질한다.
6 줄무늬 원단이 누비 원단을 감쌀 수 있도록 4cm만 남기고 접어서 정리한다.
7 꽃무늬 B 원단을 줄무늬 원단과 누비 원단 사이에 넣어 0.5cm만 보이게 하고, 시침핀으로 세 가지 원단을 함께 고정한다. 이때 완성해둔 ③의 부엉이 자수 장식 원단을 누비 원단과 꽃무늬 A 원단 사이에 두고 고정한다.
8 색실로 ⑦에서 고정한 모든 원단을 함께 홈질한다.
9 모서리는 원단과 같은 색실로 공그르기한다.

WEEK 23

외출 용품을 넣는
다용도 주머니

다용도 주머니

블랭킷

Ready

면 원단 꽃무늬(80×24cm) 1장
리넨 원단 빨간색(80×24cm) 1장
선염 면 원단 줄무늬(80×5cm) 1장

부엉이 자수 장식 라벨용
리넨 원단 빨간색(10×10cm) 2장
색실(부엉이 자수용) 적당량
기본 실 흰색 또는 원단 색

How to Make

부엉이 자수 장식 라벨 만들기

1 p.91 블랭킷의 자수 장식 라벨 만들기를 참조해 부엉이 자수 라벨을 만든다.

장식 연결해 완성하기

2 꽃무늬 원단을 겉면끼리 맞대어 반으로 접는다. ①의 부엉이 자수 장식 라벨은 적당한 위치를 잡아 꽃무늬 원단 사이에 끼워 넣고 앞부분을 바느질한 뒤 뒷부분은 원단과 함께 시침핀으로 고정한다.

3 꽃무늬 원단을 오른쪽 시접에서 1cm 안으로 들여 윗선에서부터 세로로 6cm를 박음질한 뒤 2cm를 비우고 다시 한 번 박음질한다.

4 빨간색 원단을 겉면끼리 맞대고 반으로 접은 뒤 한쪽에 창구멍을 남기고 1cm 안쪽으로 박음질한다.

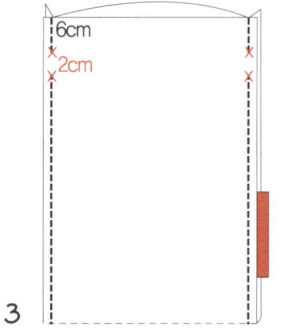
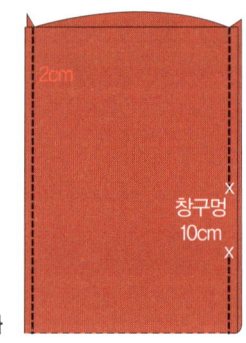

5 ③은 겉면이 나오게 뒤집고 ④는 박음질한 안감이 보이게 둔다.

6 ③을 ④의 속으로 넣는다.

7 두 원단의 윗선을 맞춘 뒤 윗선에서 1cm 안쪽으로 테두리를 따라 함께 박음질한다. 이때 포개진 4장을 함께 박음질하는 것이 아니라 꽃무늬 원단과 빨간색 원단의 겉면끼리 맞닿은 부분의 2장만 박음질한다.

8 빨간색 원단의 창구멍으로 뒤집어 모두 겉면이 나오게 펼친다.

9 빨간색 원단의 창구멍을 공그르기 한다.

10 다시 빨간색 원단을 꽃무늬 원단 안으로 넣은 뒤 주머니 윗부분의 0.5cm 안쪽을 색실로 홈질한다.

11 ③에서 비워둔 박음질 부분을 색실로 홈질해 양옆을 가로로 연결하고 끈을 끼워 묶는다.

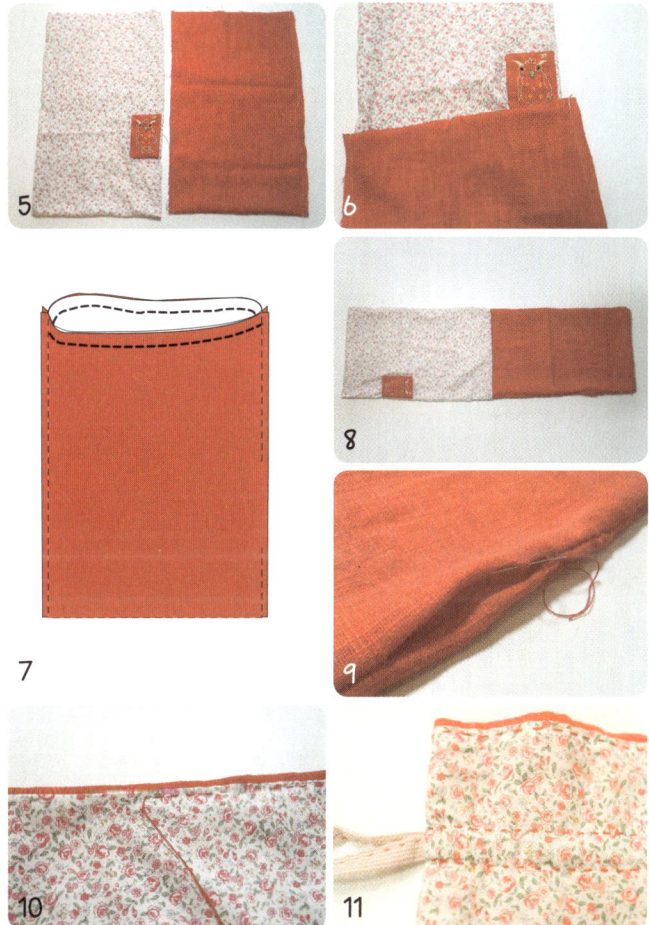

 WEEK 24

기저귀를 예쁘게 가려주는
블루머

Ready

유기농 원단 양면무늬(100×70cm) 1장
*한쪽은 줄무늬, 또 다른 쪽은 물방울무늬의 원단입니다.
고무줄 적당량
옷핀 1개
기본 실 흰색 또는 원단 색

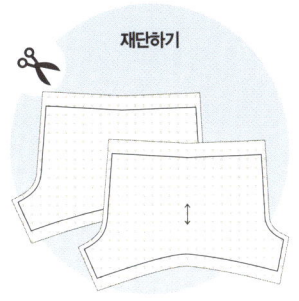

재단하기

How to Make

1 블루머 도안대로 재단한 원단 2장은 올 풀림 방지를 위해 테두리를 감침질 또는 오버로크 처리한다.

2 2장의 원단을 각각 겉면끼리 맞대고 반으로 접어 시접을 1cm 남기고 박음질한다. 이때 시접을 양쪽으로 벌리고 다리미로 눌러가며 다려 가름솔 처리한다.

3 ②에서 2장 중 1장을 겉면이 나오게 뒤집는다.

4 뒤집은 블루머 원단을 뒤집지 않은 블루머 원단 안에 넣어 겉면끼리 겹친다.

5 블루머의 밑위 부분은 시접 1cm 안쪽으로 박음질한다.

6 블루머 한쪽을 빼내어 안쪽 면이 밖으로 나오도록 정리한다.

7 블루머 윗단과 아랫단을 4cm 접어 시침핀으로 고정한 뒤 테두리에서부터 1cm 간격을 두고 홈질한다.

8 ⑦에서부터 다시 2cm 간격을 두고 창구멍을 남긴 채 홈질한다.

9 옷핀에 고무줄을 끼워 창구멍으로 통과시킨 뒤 양끝을 묶거나 2cm 정도 포개어 박음질한다.

10 ⑨의 겉면이 밖으로 나오도록 뒤집는다. *장식으로 단추나 리본 등을 달아도 좋아요.

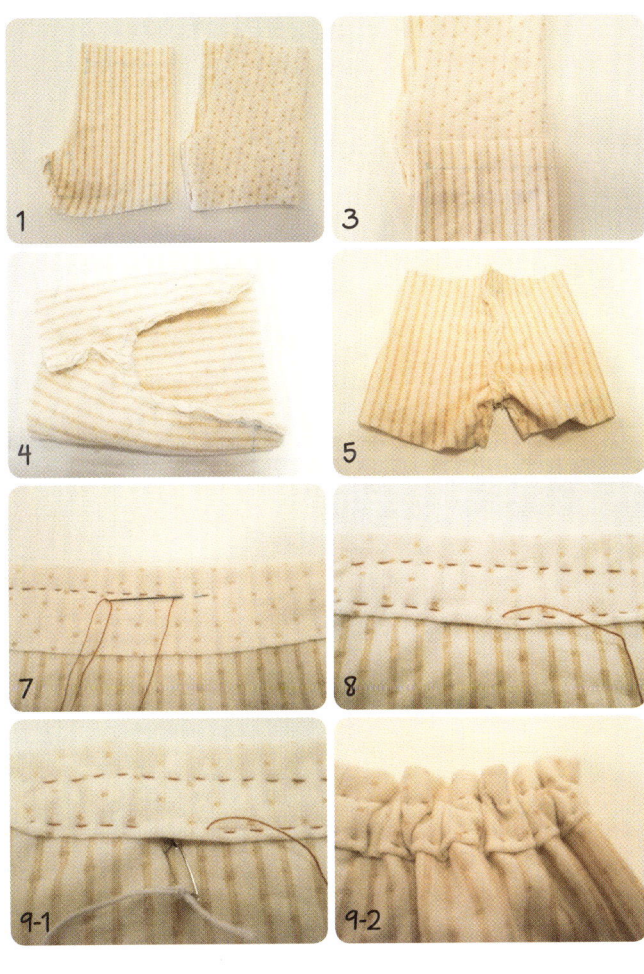

WEEK 25

아플리케로 장식한
아기 마스크

Ready

유기농 원단 서로 다른 소재(16×12cm) 2장
바이어스테이프 (길이 60cm) 1개
아플리케용
선염 면 원단 체크무늬(10×15cm) 1장
양면 면 원단 (5×5cm) 1장
색실(눈, 코 스티치용) 적당량
기본 실 흰색 또는 원단 색

How to Make

1. 겉면이 되는 원단에 아플리케나 손자수로 장식을 한다. *다음 페이지의 아플리케 만들기를 참조하세요.

2. ①과 나머지 원단 1장을 겉면끼리 맞대고 양 옆선을 홈질한다. 이때 주름을 만들고 싶다면 홈질한 끝 부분을 당겨 주름을 잡아준다.

3. ②를 뒤집어 겉면이 나오게 한다.

4. ③의 위아래 부분에 바이어스테이프를 대고 바느질한 뒤 끈 부분을 공그르기한다. *p.15 끈 만들기를 참조하세요.

5. 아기 얼굴에 맞게 양쪽 끈 길이를 조절하여 묶는다.

병아리 아플리케는 타월 원단을 활용합니다.

아플리케 만들기

1. 양면 원단을 겉면끼리 맞대고 반으로 접은 뒤 도안을 그려 창구멍을 남기고 박음질한다.
2. 시접을 0.5cm만 남기고 정리한다.
3. 창구멍으로 뒤집는다.
4. 얼굴 도안대로 자른 양면 원단을 올려놓고 프렌치노트스티치로 눈을 만들고 코는 색실로 'V'자 모양이 되게 박음질한 뒤 얼굴 테두리를 따라 홈질한다.

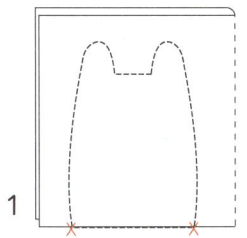
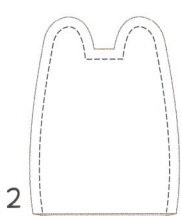

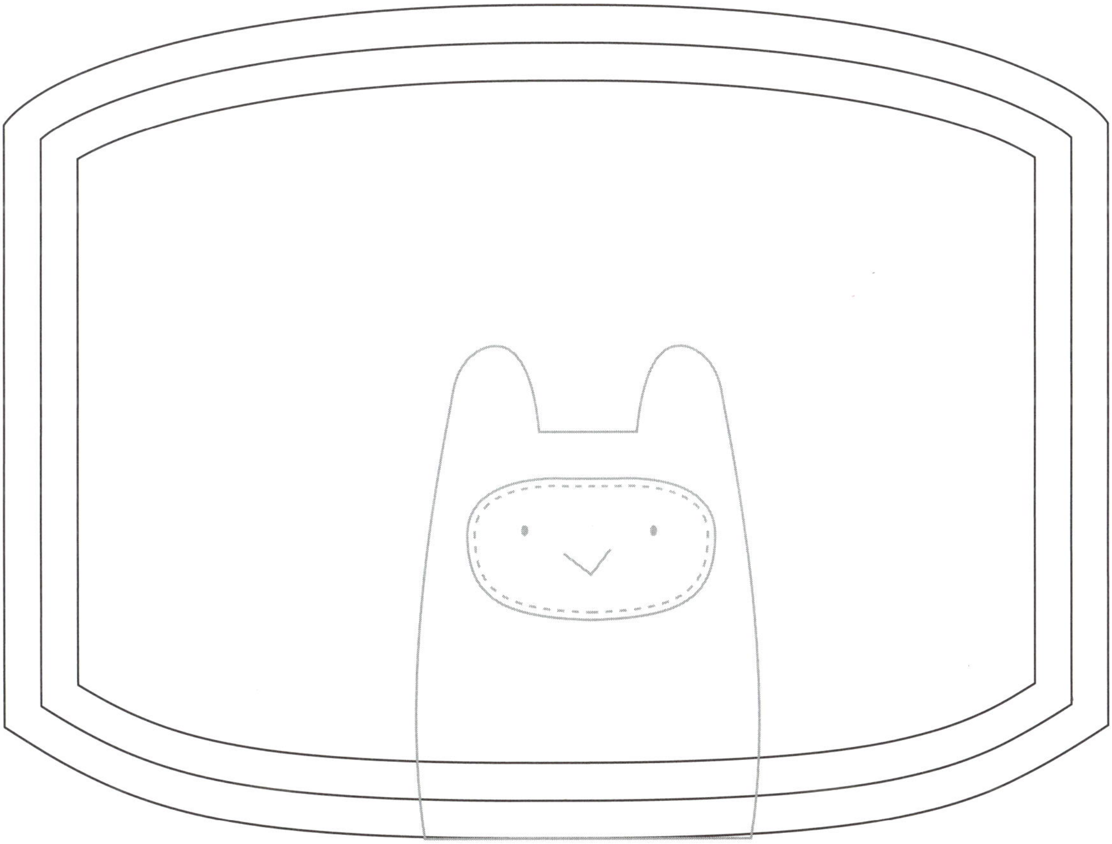

실물 도안

WEEK 26

우리 아기 첫 신발 1
리본 장식 덧신

리본 장식 덧신

단추 장식 덧신

Ready

유기농 원단 양면무늬 · 줄무늬(50×40cm) 1장씩
*한쪽은 줄무늬, 또 다른 쪽은 물방울무늬의 원단입니다.
레이스 적당량
기본 실 흰색 또는 원단 색

재단하기

How to Make

1. 안감과 겉감이 되는 원단을 겉면끼리 맞대어 쏘갠 뒤 노안을 그려 2장의 원단을 함께 재단한다.
2. 덧신의 뒤축 부분이 되는 줄무늬 원단을 반으로 포개어 박음질한 뒤 다리미로 눌러가며 다려 가름솔 처리한다.
3. ②와 같은 방법으로 안감이 되는 양면무늬 원단도 바느질한다.
4. ③을 발바닥 부분으로 재단한 원단과 함께 박음질한다.
5. ②의 줄무늬 원단 양옆에 레이스를 대고 튼튼하게 바느질한다.
6. ⑤는 안쪽 면이 나오도록, ④는 겉면이 나오도록 뒤집는다.
7. 안감 위에 겉감을 올려놓고 덧신 입구 부분을 맞추어 시침핀으로 고정한 뒤 창구멍을 남기고 0.5cm 안쪽으로 박음질한다.
8. 창구멍으로 뒤집는다.
9. 겉감이 되는 줄무늬 원단을 줄무늬 발바닥 원단과 함께 시접 0.5cm를 남기고 박음질한다. 이때 레이스는 속으로 넣는다.
10. 창구멍으로 뒤집어 안감과 겉감 모두 겉면이 나오도록 한다.
11. 안감을 겉감 속으로 넣고 창구멍을 공그르기한다.
12. 레이스를 리본 모양으로 묶는다.

Chapter 3 외출 용품을 만들어요

WEEK 27

우리 아기 첫 신발 2
단추 장식 덧신

Ready

유기농 원단 벨보아 · 줄무늬(50×40cm) 1장씩
나무 단추 2개
기본 실 흰색 또는 원단 색

How to Make

1 p.104 리본 장식 덧신 만들기의 ①~⑪과 동일하게 진행한다.
2 덧신 입구를 따라 색실로 홈질하고 발등 쪽에 나무 단추를 단다.

2-1

2-2

WEEK 28

우리 아기 첫 신발 3
아플리케와 끈 장식 덧신

Ready

유기농 원단 양면무늬(50×40cm) 1장씩
유기농 벨보아 원단 밤색(50×40cm) 1장
똑딱단추 2개

신발끈용
면 원단 물방울무늬(3×9cm) 2장
유기농 타월 원단 밤색(3×9cm) 2장

아플리케용
유기농 타월 원단 밤색(6×6cm) 2장
면 원단 체크무늬(6×6cm) 2장
색실(눈, 코 스티치용) 적당량
기본 실 흰색 또는 원단 색

How to Make

1 p.104 리본 장식 덧신 만들기의 ①~⑪과 동일하게 진행한다.
2 창구멍에 신발끈을 넣어 창구멍과 함께 공그르기한다. *아래의 신발끈 만들기를 참조하세요.
3 신발끈과 덧신 몸체 부분에 서로 맞물리도록 똑딱단추를 단다.
4 덧신 앞부분에 동물 얼굴 아플리케를 대고 공그르기로 고정한다. *아래의 동물 얼굴 아플리케 만들기를 참조하세요.

신발끈 만들기

1 원단 2장을 겉면끼리 맞댄 채 창구멍을 남기고 박음질한다.
2 창구멍으로 뒤집는다.

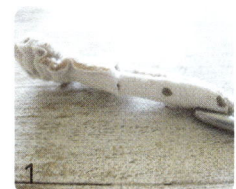 

동물 얼굴 아플리케 만들기

1 원단 2장을 겉면끼리 맞대고 박음질한 뒤 시접을 0.5cm만 남기고 정리한다.
2 뒷면이 되는 원단에 창구멍을 내어 원단을 뒤집고 색실로 눈과 입을 바느질한다.

WEEK 29

폼폼으로 장식한
아기 목도리

Ready

유기농 벨보아 원단 밤색(70×22cm) 1장
유기농 양면 원단 상아색(14×8cm) 1장
폼폼 레이스 (길이 25cm) 1개
색실(눈, 코, 문자 스티치용) 적당량
기본 실 흰색 또는 원단 색

How to Make

캐릭터 아플리케 만들기

1 상아색 원단을 반으로 접고 도안을 그려 창구멍을 남긴 뒤 도안대로 박음질한다.
2 시접 0.5cm를 남기고 정리한 뒤 창구멍으로 뒤집는다.
3 프렌치노트스티치로 눈을 만들고 입은 박음질로 모양을 낸다.

몸판에 아플리케 장식 연결하기

4 밤색 벨보아 원단에 ③의 캐릭터를 올려놓고 반박음질한다. 자수를 놓으려면 이 과정에서 바느질한다.
5 ④를 겉면끼리 맞대고 반으로 접은 뒤 창구멍을 남기고 시접 1cm 안쪽에 박음질한다.
6 ⑤를 다시 시접 0.5cm만 남기고 정리한 뒤 창구멍으로 뒤집고 창구멍을 공그르기한다.

폼폼 레이스 달아 완성하기

7 폼폼 레이스를 끝의 올이 풀리지 않도록 안쪽으로 1cm 접어 목도리 양끝에 대고 레이스와 같은 색실로 홈질한다. 이때 목도리 뒷면에 바느질 자국이 보이지 않도록 주의한다.
8 같은 방법으로 반대쪽에도 폼폼 레이스를 대고 바느질해 달아준다.

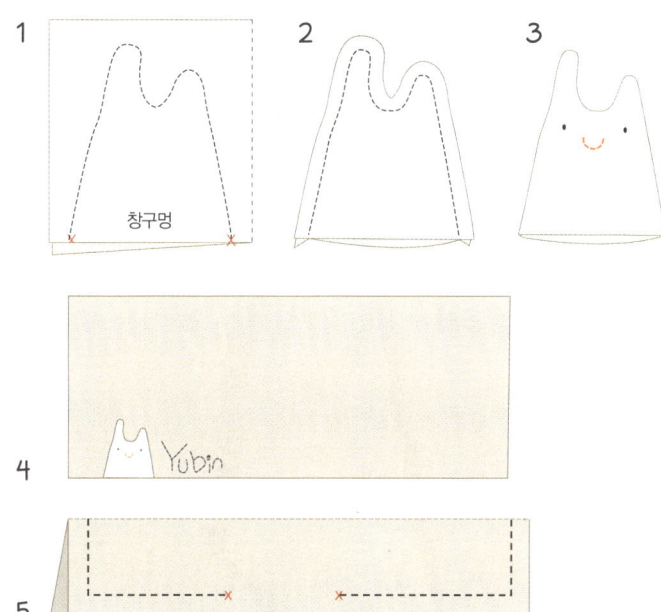

Chapter 3 외출 용품을 만들어요 111

WEEK 30

끈 조절이 가능한
기저귀 가방

Ready

리넨 원단(겉감) 체크무늬(47×4cm) 2장
리넨 원단(안감) 밤색(47×4cm) 2장
바닥용 원단(바닥) 밤색(36×11cm) 2장
부직포(34×9cm) 1장, 조금 두께감이 있는 것
똑딱단추 1개

장식용 단추 4개
색실(스티치용) 적당량
가방끈용
리넨 원단 밤색(80×12cm) 2장
기본 실 흰색 또는 원단 색

How to Make

1 체크무늬 원단 1장에 그림이나 글을 색실로 박음질해 꾸민다.

2 체크무늬 원단과 바닥용 밤색 원단 1장을 겉면끼리 맞대어 시접 1cm를 남기고 박음질한 뒤 바닥용 원단을 펼쳐 다시 반대쪽도 바닥용 밤색 원단과 체크무늬 원단의 겉면끼리 맞대어 시접 1cm를 남기고 박음질한다.

3 바닥용 밤색 원단 안쪽에 부직포를 덧대고 테두리를 따라 두 원단이 움직이지 않게 바느질하거나 자수를 놓는다.

4 체크무늬 원단의 겉면끼리 맞댄 채 옆선의 시접 1cm를 남기고 박음질한다.

5 체크무늬 원단과 바닥용 밤색 원단 겉면끼리 맞닿은 부분의 시접 1cm를 남기고 박음질한 뒤 뒤집는다.

1

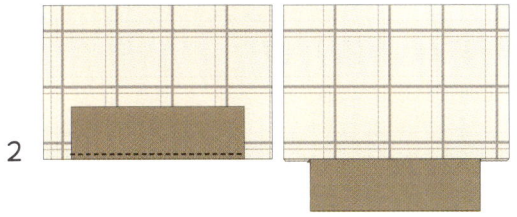

2

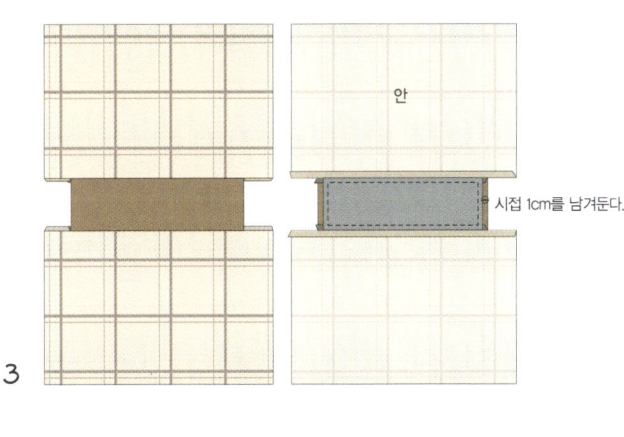

시접 1cm를 남겨둔다.

3

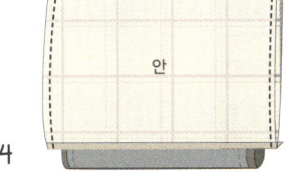

4

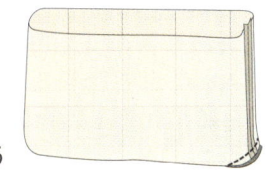

5

Chapter 3 외출 용품을 만들어요

6 안감용 밤색 원단도 ①~⑤의 방법으로 박음질한다. 단, 뒤집지는 않는다.

7 ⑥의 양쪽에 가방끈을 대고 튼튼하게 박음질한다. *아래의 가방끈 만들기를 참조하세요.

8 ⑤ 속에 ⑦을 끼워 넣고 윗부분의 시접을 2cm씩 접은 뒤 테두리를 색실로 홈질한다.

9 바닥과 안감, 겉감용 원단의 네 모서리를 고정한 뒤 바닥에 장식용 단추를 단다.

10 가방 입구에 똑딱단추를 단다.

11 가방끈을 적당한 길이로 묶는다.

가방끈 만들기
재단한 끈 원단을 반으로 접어 80×5cm 크기로 창구멍을 남기고 박음질한다. 같은 방법으로 1개를 더 만든다.

응용해보세요!

주머니 만들기

p.92의 다용도 주머니 만들기를 참조해 주머니를 만든다. 이때 원단에 도안용 펜으로 그림이나 문자를 그린 뒤 박음질로 자수해 꾸며준다.

WEEK 31

겨울철 필수품
어그 장갑

Ready

아스토라 원단 상아색(25×40cm) 1장
유기농 벨보아 원단 밤색(25×30cm) 1장
방울용
아스토라 원단 상아색(5×5cm) 2장
솜 적당량
기본 실 흰색 또는 원단 색

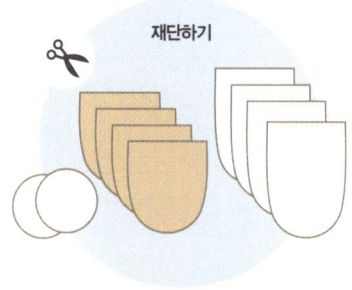
재단하기

How to Make

1. 밤색 벨보아 원단 2장을 겉면끼리 맞댄 뒤 장갑 입구 부분을 남기고 박음질한다.
2. ①과 같은 방법으로 상아색 아스토라 원단도 박음질한다.
3. ①의 밤색 벨보아 원단을 겉면이 나오도록 뒤집은 뒤 그 속으로 ②를 넣는다.
4. 상아색 아스토라 원단의 윗부분을 밤색 벨보아 원단의 크기와 같아지도록 접는다.
5. ④의 시접을 1cm 안쪽으로 넣어 창구멍을 3cm 남기고 테두리를 따라 홈질한다. 이때 창구멍을 남겨두고 홈질을 잠시 멈춘다. 창구멍으로 고무줄을 끼워 넣어 양끝을 묶은 뒤 다시 홈질로 마무리한다.
6. 아스토라 원단으로 방울을 만들어 장갑 손등 부분에 공그르기로 단 다음 입구 부분을 접어준다. 상아색과 밤색 원단의 바느질 경계 부분을 접어 바느질 자국이 보이지 않게 마무리하는 방법이다. *아래의 방울 만들기를 참조하세요.
7. 같은 방법으로 나머지 한 짝의 장갑을 만든다.

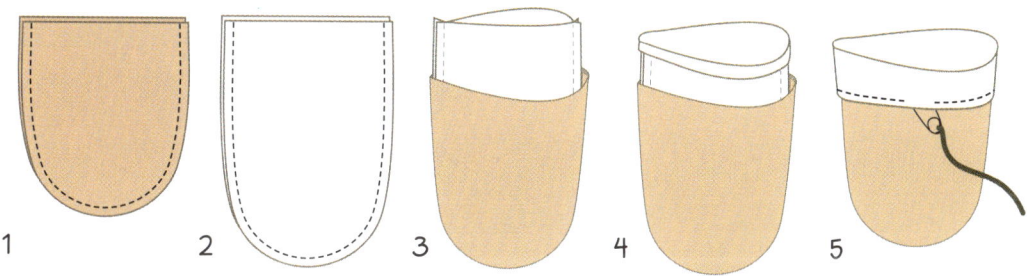

방울 만들기

1. 둥글게 재단한 상아색 벨보아 원단의 시접 0.5cm를 남기고 테두리를 따라 홈질한다.
2. 한쪽 실을 쭉 잡아당겨 공간이 생기면 그 안에 약간의 솜을 넣은 뒤 솜이 빠지지 않도록 단단히 당겨 매듭을 짓는다.

WEEK 32

장갑과 세트로 만드는
어그 부츠

Ready
유기농 벨보아 원단 밤색(30×30cm) 1장
아스토라 원단 상아색(30×40cm) 1장
방울용
아스토라 원단 상아색(5×5cm) 2장
솜 적당량
기본 실 흰색 또는 원단 색

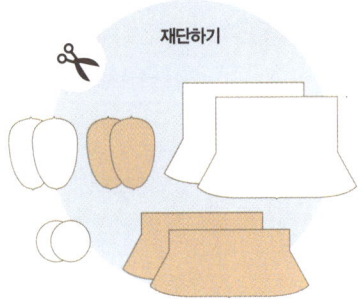
재단하기

How to Make

1 발목 부분이 되는 밤색 벨보아 원단 1장을 반으로 접어 시침핀으로 고정한 뒤 0.4cm 안쪽으로 박음질한다. 같은 방법으로 상아색 아스토라 원단도 박음질한다.

2 ①과 발바닥 부분의 밤색 벨보아 원단을 맞대어 고정한 뒤 0.4cm 안쪽으로 박음질해 뒤집는다. 같은 방법으로 상아색 아스토라 원단도 바느질한다.

3 밤색 벨보아 원단을 겉면이 나오도록 뒤집은 뒤 그 속으로 상아색 아스토라 원단을 넣는다.

4 상아색 아스토라 원단의 발목 입구 부분을 밤색 벨보아 원단의 크기와 같아지도록 접은 뒤 시접을 1cm 안쪽으로 넣어 테두리를 따라 홈질한다. 이때 창구멍을 3cm 남겨두고 홈질을 잠시 멈춘다.

5 창구멍으로 고무줄을 끼워 넣어 양끝을 묶은 뒤 다시 홈질로 창구멍을 마무리한다.

6 ⑥의 신발 각각에 어그 장갑과 같은 방울을 달아 장식한다.

7 ①~⑥과 같은 방법으로 나머지 한 짝의 신발을 만든다.

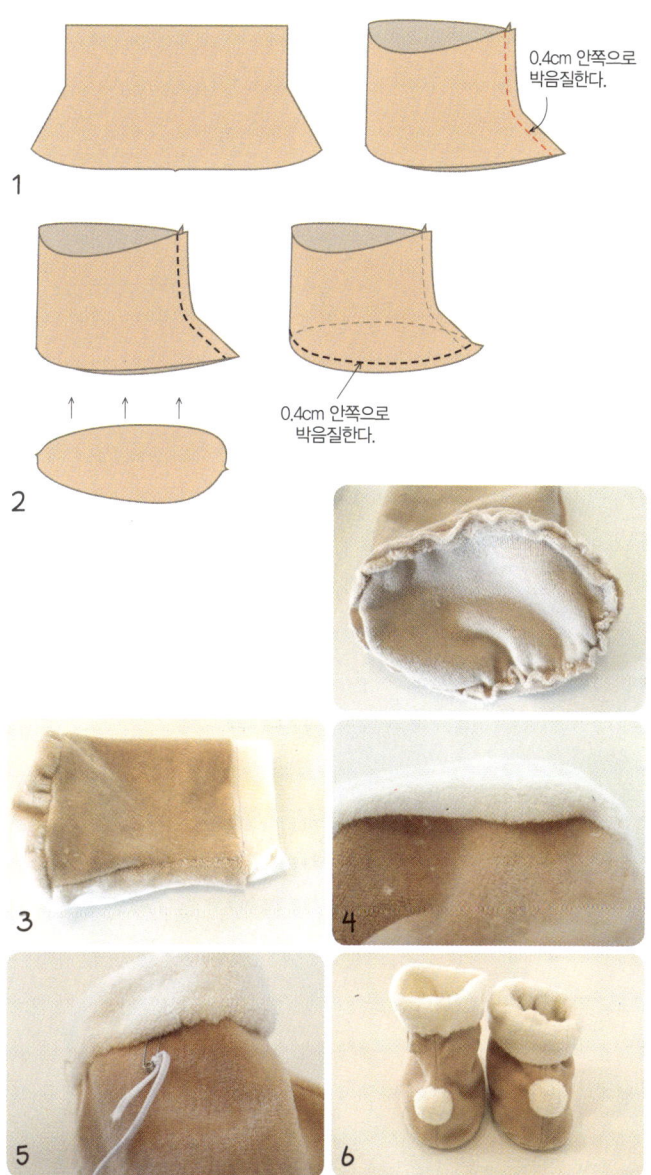

포근한 아기 침구를 만들어요

임신 마지막 달에는 배가 많이 불러서 무언가를 만들고 오랜 시간 앉아 있는 것이 힘들어요.
게다가 언제 아기가 나온다는 신호를 보낼지 모르니 엄마는 잔뜩 긴장하며 기다리게 되지요.
그러니 손바느질로 태교하는 것은 36주쯤까지가 적당합니다.
마지막 단계에는 아기가 사용할 침구를 만들어볼 거예요. 짱구베개와 요,
그리고 방수요 만드는 과정을 배워봅니다.

WEEK 33-34

커버를 따로 만드는
아기 요

> **Ready**

리넨 원단 꽃무늬(124×90cm) 1장
유기농 면 원단 (126×90cm) 1장
워싱 광목 원단 (126×90cm) 1장
목화솜(6온스) (60×85cm) 3장
색실 적당량
기본 실 흰색 또는 원단 색

끈용
유기농 면 원단 (16×35cm) 4장

How to Make

1 목화솜은 3장을 함께 시침질한다.

끈 만들기

2 면 원단을 네 번 접어 양옆을 홈질한다. *p.15 끈 만들기 중 홈질하기를 참조하세요.

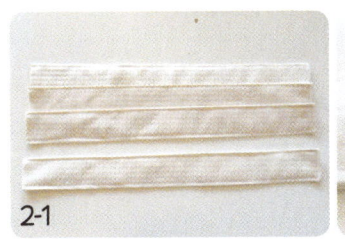

2-1

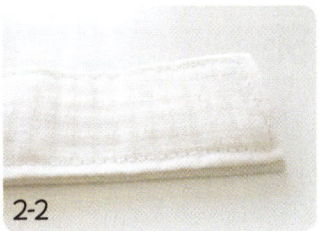

2-2

이불 속통 만들기

3 꽃무늬 리넨 원단을 겉면끼리 맞댄 뒤 윗부분을 남기고 박음질한다.

4 윗부분으로 원단을 뒤집은 뒤 ①의 목화솜을 속으로 넣어 원단과 함께 시침질하고 윗부분은 공그르기로 마무리한다.

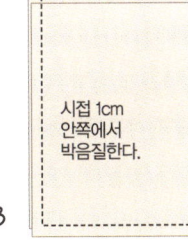

3 시접 1cm 안쪽에서 박음질한다.

4

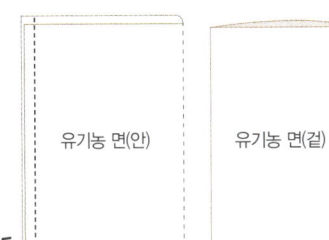

5 유기농 면(안) 유기농 면(겉)

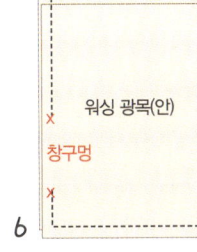

6 워싱 광목(안) 창구멍

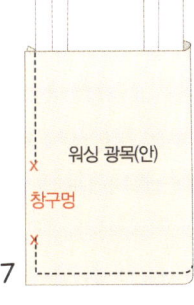

7 워싱 광목(안) 창구멍

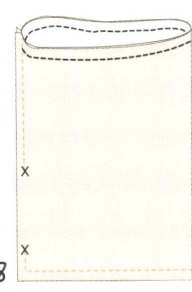

8

9

12

요 커버 만들기

5 면 원단을 겉면끼리 맞댄 뒤 윗부분을 남기고 시접 1cm 안쪽으로 박음질해 윗부분으로 뒤집어 겉면이 나오게 한다.

6 광목 원단은 윗부분과 창구멍을 남기고 박음질한다.

7 ⑥에 ⑤를 끼워 넣고 ⑥과 ⑤ 사이에 만들어둔 끈을 넣어 시침핀으로 고정한다.

8 윗부분의 테두리를 따라 박음질한다.

9 광목 원단의 창구멍으로 면 원단을 꺼내어 광목 원단도 겉감이 나오게 정리한다.

10 광목 원단의 창구멍을 공그르기한다.

11 광목 원단을 면 원단 속으로 집어넣고 윗부분을 색실로 홈질한다.

12 이불 속통을 ⑪에 넣고 끈으로 리본을 묶는다.

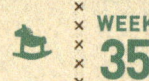

WEEK 35

토끼 모양
짱구베개

Ready

유기농 타월 원단 상아색(70×90cm) 1장
유기농 타월 원단 밤색(13×6cm) 1장
솜 적당량
구슬 눈 2개
기본 실 흰색 또는 원단 색

How to Make

코는 도안대로, 몸판과 얼굴은 도안보다 2cm 크게 재단한다.

코 만들기

1 밤색 타월 원단을 겉면끼리 맞대고 도안을 그린 뒤 도안대로 박음질한다.
2 시접을 0.5cm 남기고 정리한 뒤 원단 한쪽 면에 창구멍을 내어 뒤집는다.
3 색실로 코를 자수한다.

토끼 얼굴 만들기

4 얼굴 모양으로 재단한 상아색 타월 원단 1장에 구슬 눈을 달고 만들어둔 코를 공그르기해 단다.
5 나머지 1장의 얼굴 모양 원단과 함께 겉면을 맞대고 도안대로 박음질한다.
6 시접을 0.5cm 남기고 정리한 뒤 원단 한쪽 면에 창구멍을 내어 뒤집는다. 이때 눈과 코가 있는 원단이 잘리지 않도록 주의한다.
7 창구멍을 낸 부분으로 솜을 넣고 감침질로 마무리한다.

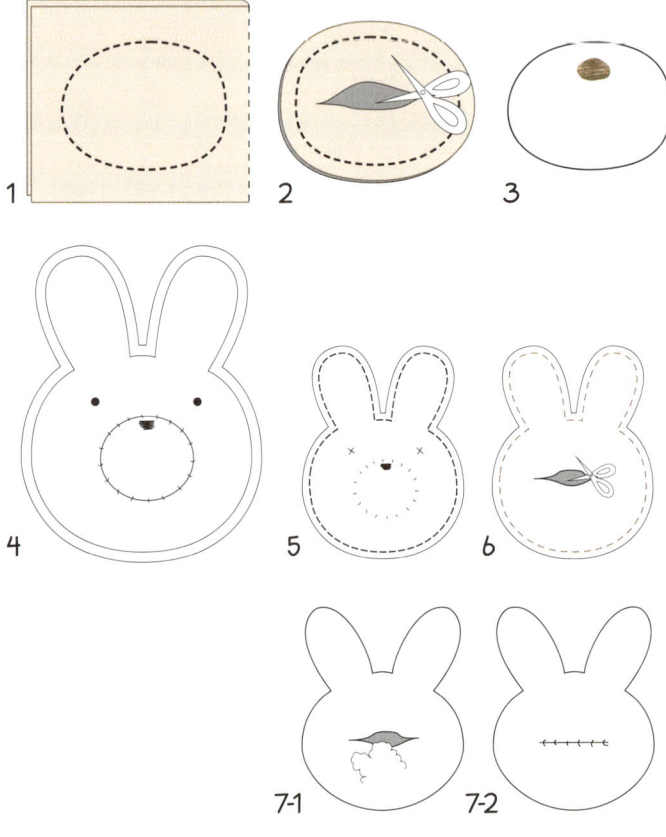

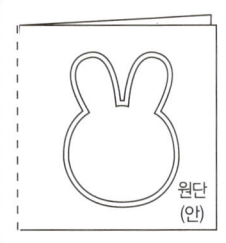

재단할 때 참조하세요

1 원단을 반으로 접은 뒤 그려주세요.
2 시침핀으로 고정하고 2장을 함께 재단하세요.

토끼 꼬리 만들기

8 타월 원단의 꼬리는 시접을 0.5cm 남기고 테두리를 따라 홈질한다.

9 홈질 마지막에 한쪽 실을 쭉 잡아당겨 가운데에 약간의 솜을 넣고 솜이 빠지지 않도록 단단히 당겨서 매듭지어 고정한다.

토끼 몸 만들기

10 토끼 몸용으로 재단한 원단 1장의 그림과 같은 위치에 이니셜 또는 태명을 박음질로 새긴다.

11 나머지 몸용 원단 1장과 ⑩을 겉면끼리 맞대고 창구멍만 남긴 채 박음질한다.

12 창구멍으로 ⑪을 뒤집고 도안의 위치를 참조해 가운데에 동그라미를 그린다. 동그라미 부분에 솜을 약간 넣은 뒤 원단과 같은 색실로 그려놓은 동그라미 부분을 홈질한다. 이때 원단과 같은 색실로 2장의 원단을 함께 바느질한다.

13 창구멍으로 솜을 채워 공그르기하고 양쪽 다리를 바느질해 고정한다. 이때 솜은 베개가 너무 높지 않을 정도로 넣는다.

14 미리 만들어둔 ⑨의 꼬리를 사진과 같은 위치에 공그르기로 달아준다.

15 ⑦의 토끼 얼굴을 약간 세우듯이 2~3회 반복해서 공그르기한다. 이때 토끼 얼굴을 눕혀서 고정시키면 아기가 머리를 뉠 공간이 부족하게 되니 이를 고려한다.

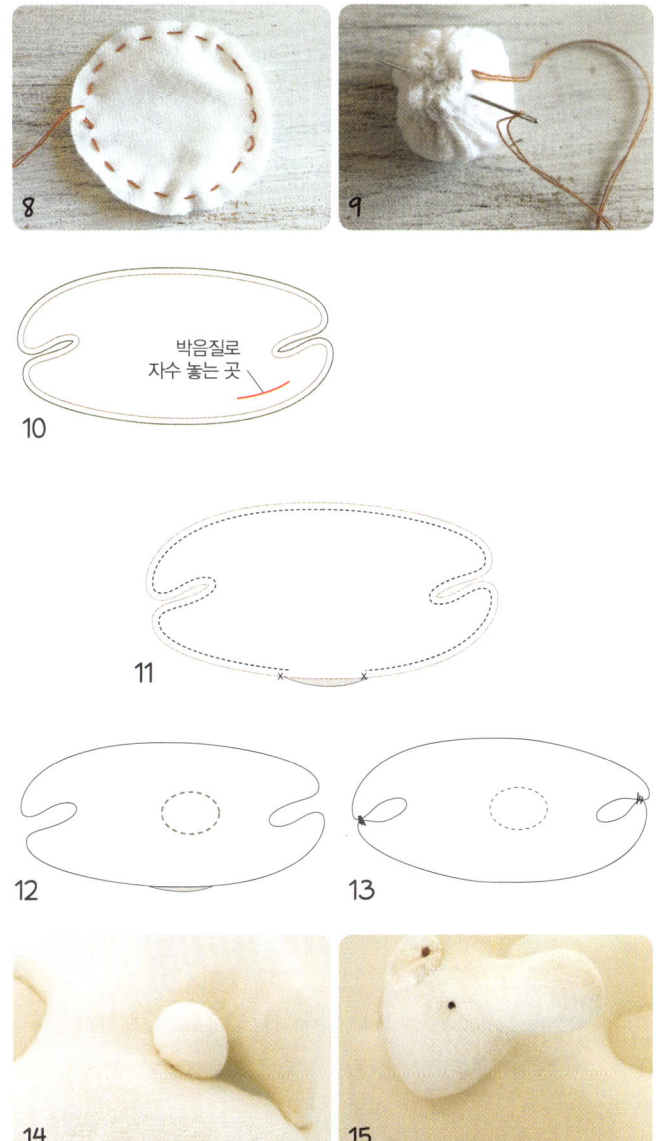

WEEK 36

아기가 실례해도 안심할 수 있는
방수요

Ready

방수 원단 (87×62cm) 1장
*방수 원단은 두께가 있어서 손바느질이 힘들 수도 있어요. 이때는 재봉틀을 사용해 쉽게 만드세요.
누비 원단 (87×62cm) 1장
면 레이스 (길이 3m) 1개
기본 실 흰색 또는 원단 색
끈용
면 원단 (5×60cm) 1개

How to Make

1 끈을 만든다. *p.15 끈 만들기 중 홈질하기를 참조하세요.

2 방수 원단과 누비 원단을 겉면끼리 맞댄 뒤 85×60cm 사이즈로 그린 도안에 창구멍을 남기고 박음질한다. 이때 만들어둔 ①의 끈을 끼워 함께 박음질한다.

3 시접을 0.5cm 남기고 정리한 뒤 창구멍으로 뒤집는다.

4 ③의 테두리를 따라 면 레이스를 대고 눌러가며 박는다.

초보도 만들 수 있는 자연주의 출산 용품
꼼지의 손바느질 태교

ⓒ박귀선, 2013

초판 1쇄 발행일 2013년 3월 30일
초판 3쇄 발행일 2020년 9월 25일

지은이 박귀선
펴낸이 윤은숙
책임편집 이희원 팀장 | **디자인** ALL design group 02-776-9862 | **일러스트** 김영태
사진 한정수 studio etc. 02-3442-1907

펴낸 곳 (주)느림보
등록일자 1997년 4월 17일
등록번호 제10-1432호
주소 경기도 파주시 헤이리 마을길 48-45
전화 031-949-8761
팩스 031-949-8762
블로그 blog.naver.com/nurimbo_pub

이 책의 글과 사진의 일부 또는 전부를 재사용하려면 반드시 저작권자와 (주)느림보 양측의 동의를 얻어야 합니다.
책값은 뒤표지에 있습니다.
ISBN 978-89-5876-158-7 13590

이 도서의 국립중앙도서관 출판시도서목록(CIP)은 e-CIP 홈페이지
(http://www.nl.go.kr/ecip)와 국가자료공동목록시스템(http://www.nl.go.kr/kolisnet)에서 이용하실 수 있습니다.
(CIP제어번호 : CIP2013001568)

실물의 80%

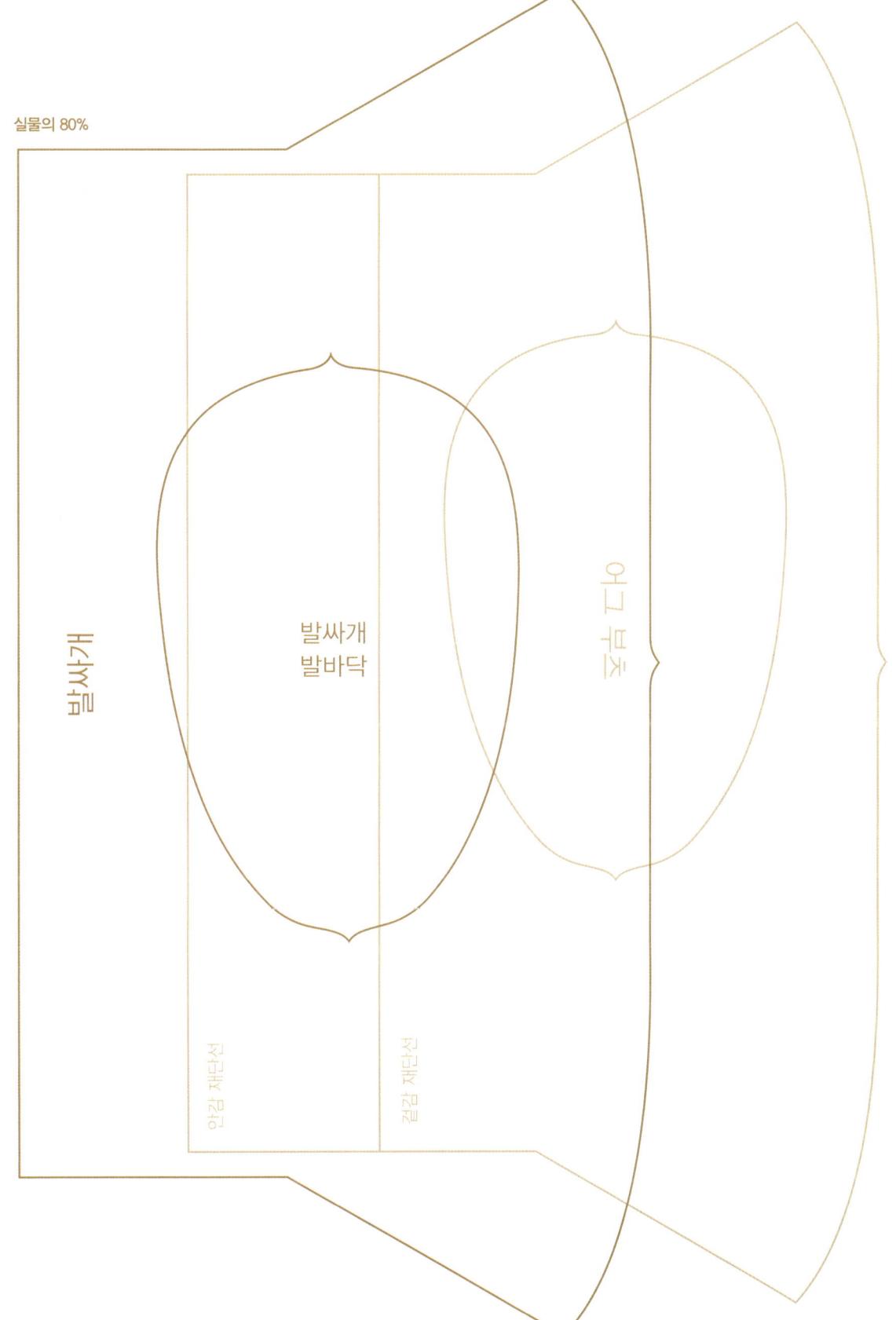

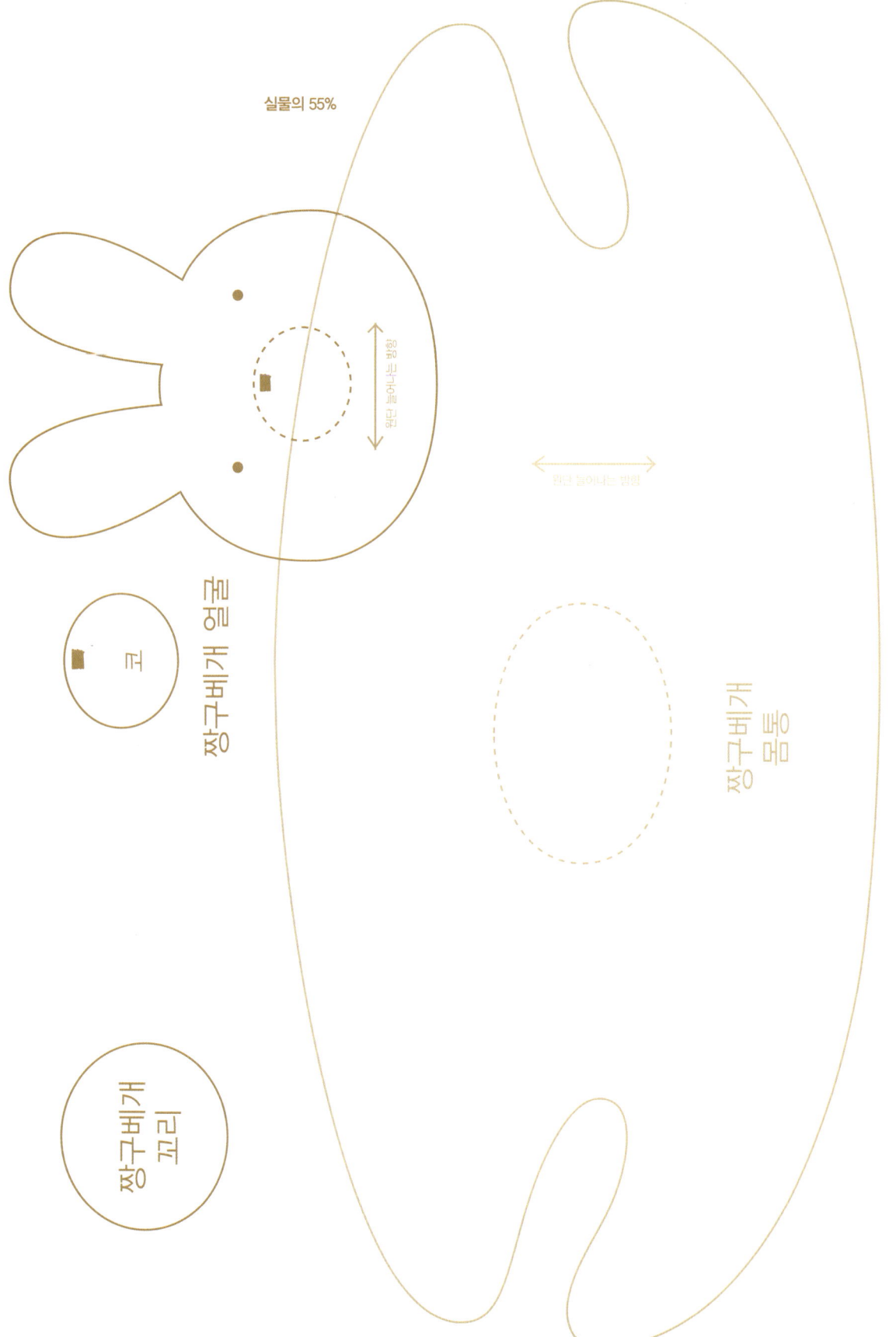

실물의 60%

주사위
딸랑이

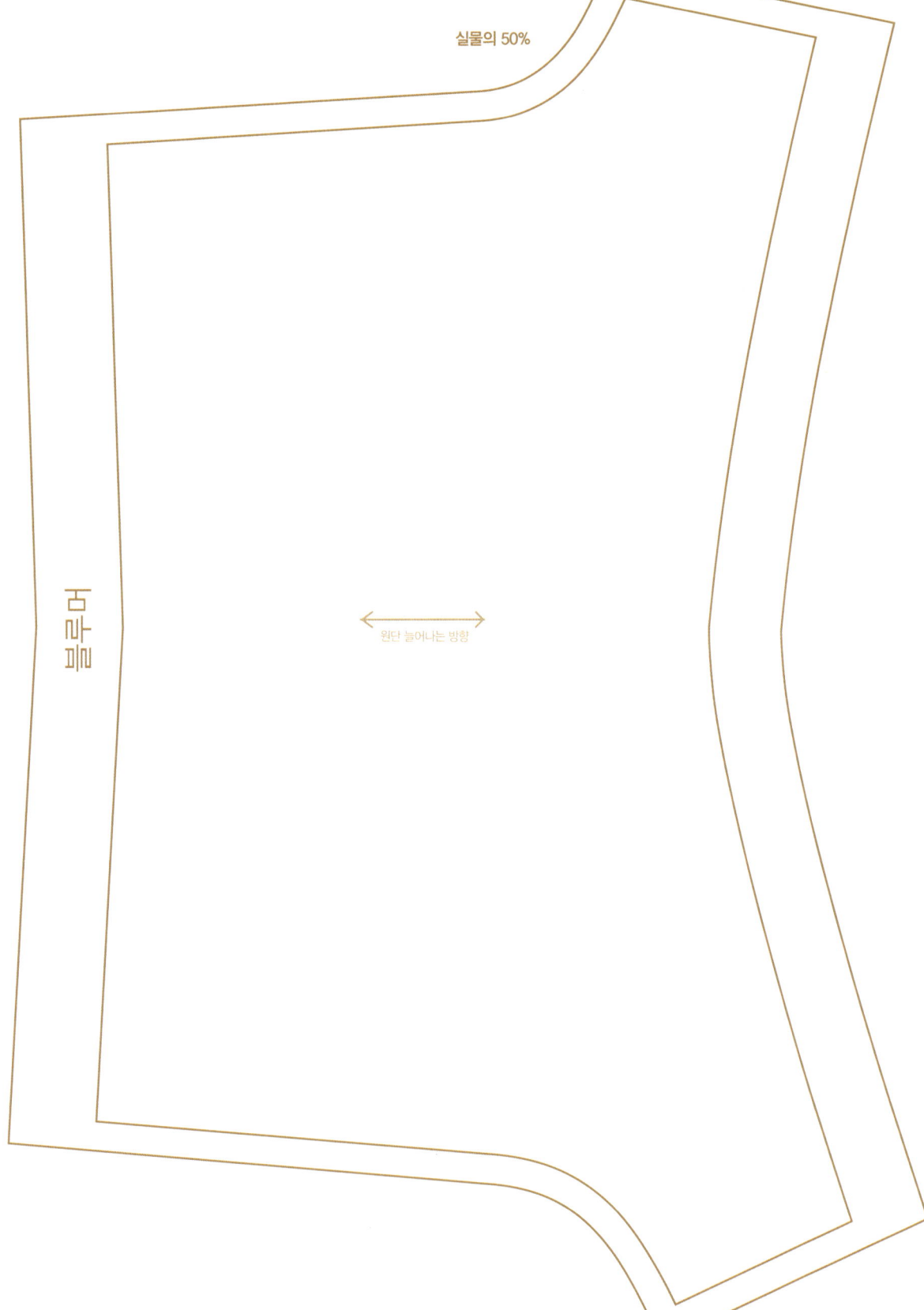

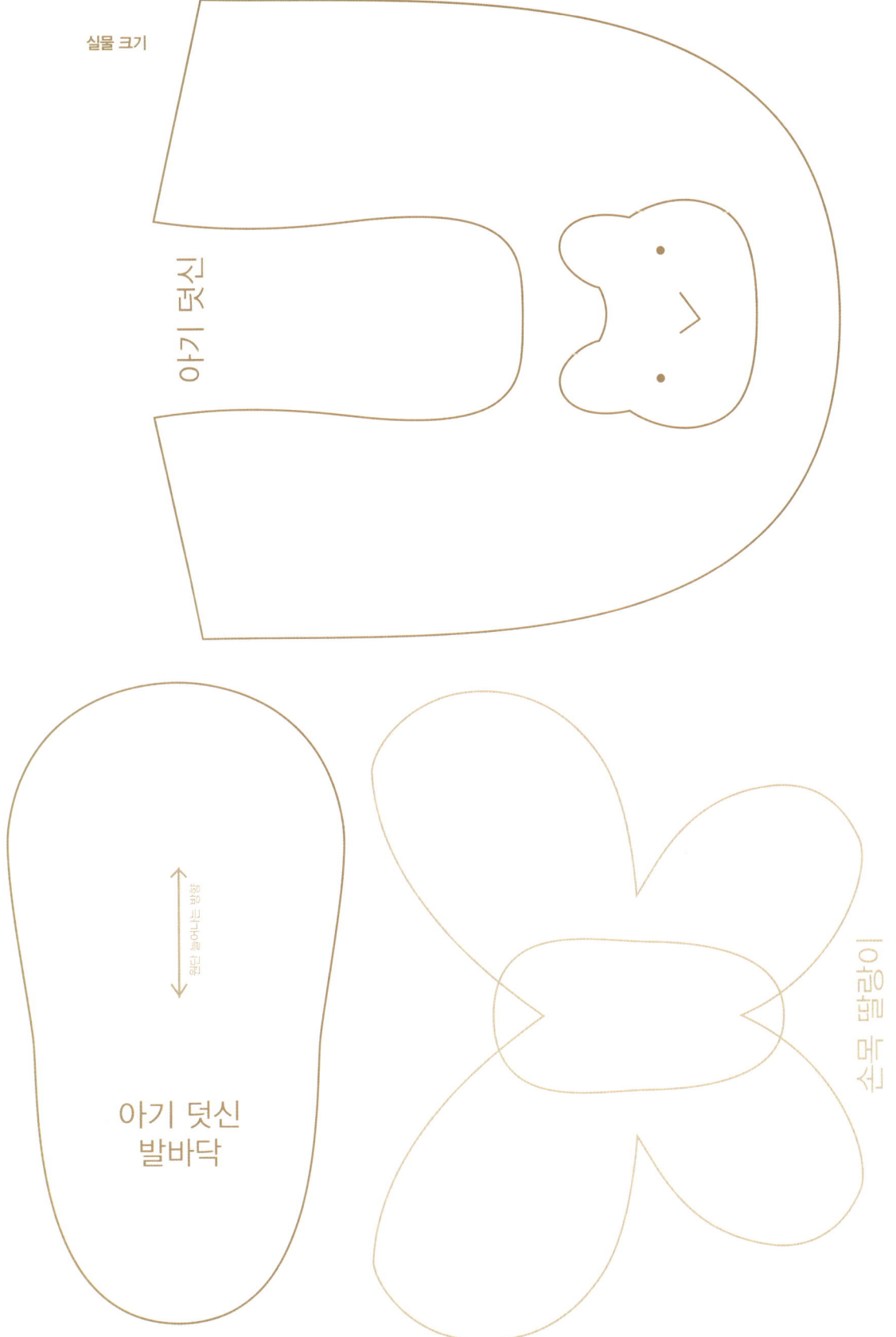

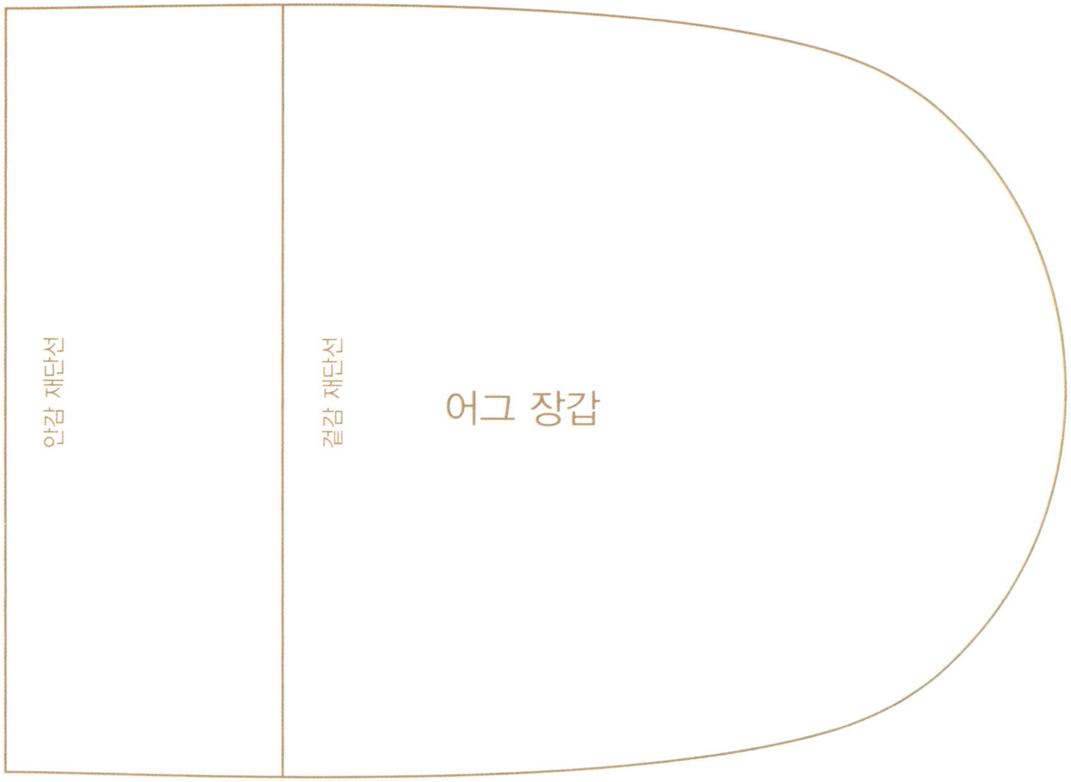

어그 장갑

안감 재단선
겉감 재단선

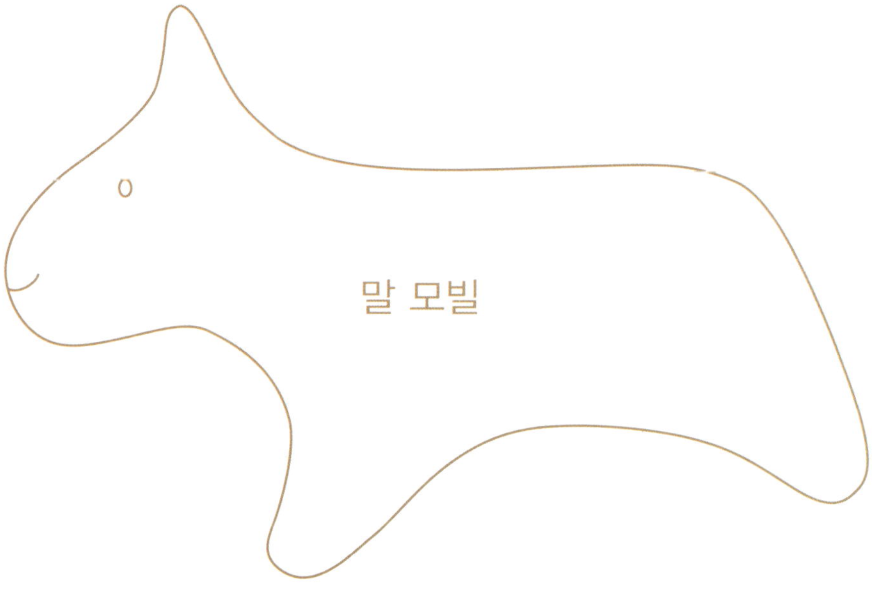

말 모빌

실물 크기

Yubin 자수

아기 목도리 아플리케

블랭킷 라벨 handmade by mom